KB265537

특허명: 동사구를 활용한 영어 말하기 학습법 및 그 교재

특허받은 30 동사구

초판 2013년 3월 5일 1쇄 발행
지은이 이재권
발행인 조상현
발행처 ㈜위아북스
주소 서울시 마포구 공덕동 풍림빌딩 304호
문의 02-725-9988 팩스 02-725-9863
등록번호 제 300-2007-164호

홈페이지 www.wearebooks.co.kr
ISBN 978-89-6614-026-8 13740

이재권 지음

We're
위아북스

Preface

지난 20년 동안 영어를 가르치면서 "무엇"을 가르친다는 것은 쉽지만, "어떻게" 이해시킨다는 것은 어렵다는 것을 느꼈습니다. 따라서 학생들이 이 책을 활용하여 쉽게 이해할 수 있도록 학생들과 함께 수업을 하고 연구하며 책을 집필하였습니다. 이런 강의법을 통해서 "동사구"를 활용한 교수법이 효과가 있다는 것을 발견하게 되었습니다. 이를 바탕으로, "동사구를 활용한 영어 말하기 학습법 및 그 교재(특허 제 10-1155441호)"로 특허를 받아 이를 책으로 만들게 되었습니다.

이 책에서는 기본적인 문장을 영어가 아닌 우리말을 보면서 영어로 말하기 훈련을 하도록 구성하였으며, 문법적인 요소는 기본적인 부분만 설명하였습니다. 그 결과, 문법의 강박관념에서 벗어난 학생들은 쉽게 기본적인 표현을 영어로 말할 수 있게 되고, 더 많은 것을 영어로 말하기 위해서 스스로 가지고 있던 문법책을 보게 될 것입니다.

영어표현은 배운 단어를 이용하여 자기 생각을 표현하는 것인데, 많은 교재들이 생각을 회화로 표현하기 보다는 상황 속 회화만을 암기하는 것을 다루고 있습니다. 문제는 그 상황에 벗어나게 되면, 많은 학생들이 바로 벙어리가 되어 버린다는 것입니다.

따라서, "특허받은 30 동사구"는 본인이 알고 있는 단어를 이용하여 정확히 자신의 생각을 표현할 수 있는 영어 말하기 훈련에 중점을 두었습니다. 동사구의 표현을 적극 활용하여 자연스러운 영어가 입에서 나오고, 또한 손으로 적도록 책을 만들었고, 모든 표현을 우리말을 함께 표기해, 생각단위를 축소시켰습니다. 일반적인 영어회화의 방식에서 벗어나 영어 동사구를 우리말로 바꾸어 눈으로 보면서 말하는 훈련은, 타 회화수업에 비하여 200배 이상의 문장을 더 많이 말하고, 그리고 문법적으로도 더 정확하게 말하도록 만들었습니다.

특히, 모든 무생물과 동물을 의인화하여 문장을 만들다 보니 내용이 훨씬 풍부하고 재미있어 학생들도 딱딱한 영어 학습 분위기에서 벗어나 호기심을 갖고 수업에 임하게 되었습니다.

이 책을 만드는데 도움을 준 학생들에게 감사의 표시를 전합니다.

2013. 2.

이 재 권

Structure
이 책의 구성과 특징

단원 패턴 연습

특허 동사구를 활용한 영어 말하기 패턴 연습 코너입니다. 재미있는 삽화를 통해 문장의 상황을 상상해 보고 연습하면, 좀 더 쉽게 말할 수 있습니다. 그리고, 영어 말하기 패턴의 간략한 문법 설명을 통해, 보다 정확한 영어 말하기를 도와줍니다.

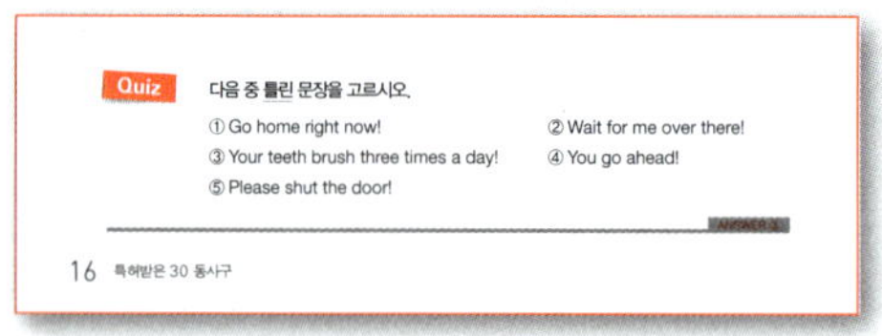

Quiz

삽화와 문법 설명을 통해 익힌 패턴을 연습해 보는 코너입니다. 문법에 틀린 문장을 고르는 문제로, 적절한 말하기에 있어서 기초적인 문법 연습을 할 수 있습니다. 위의 설명을 다시 한 번 읽고 풀어보세요. 쉽게 정답을 찾을 수 있을 것입니다.

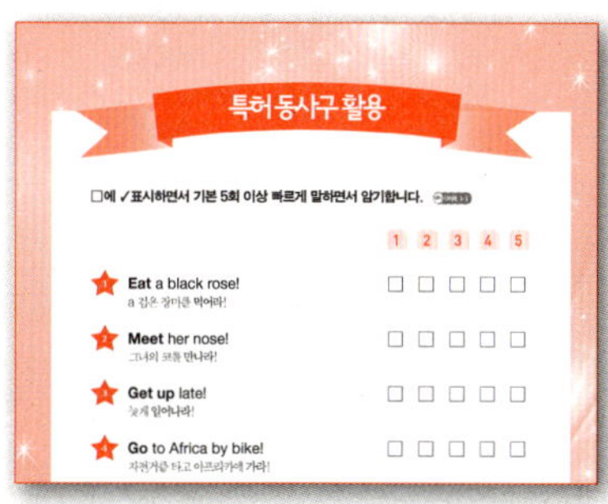

특허 동사구 활용

앞서 배운 문장 패턴을 특허받은 동사구에 적용하는 코너입니다. 한 단원에서 총 20문장을 암기하는 연습이 있습니다. 기본 문법의 문장 패턴을 굵게 표시하였고, 문장 패턴을 제외하면 기본 특허 동사구를 알 수 있습니다. 기본 특허 동사구 문장을 외우고 익힌다면, 그 어떤 문장 패턴을 대입하더라도 쉽게 말할 수 있습니다.

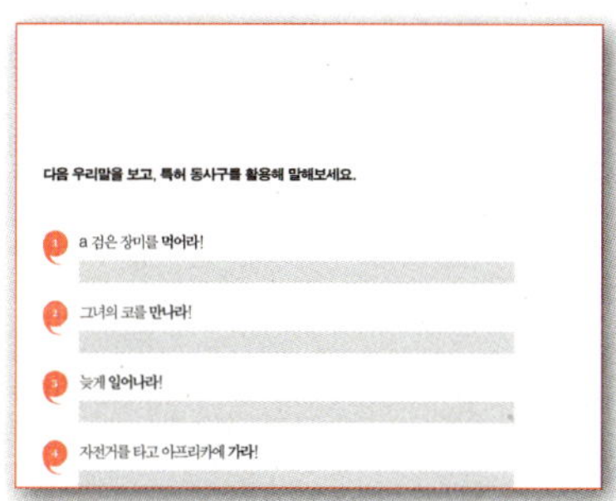

특허 동사구 영어로 말하기

앞 페이지에서 배운 동사구 활용 문장 20개를 암기 후, 확인테스트 해보는 코너입니다. 우리말을 보고 영어로 바로 말해보세요. 쉬운듯하면서도 헷갈리는 관사(a, an, the)는 우리말과 함께 표기했으니, 자신 있게 말할 수 있습니다.

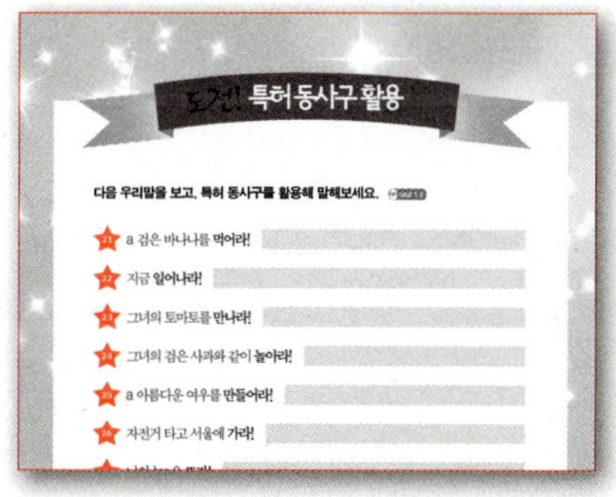

도전! 특허 동사구 활용

앞 페이지에서 배운 동사구 활용 문장 20개와 문법 패턴을 바탕으로 스스로 10문장의 우리말을 영어로 말해보는 코너입니다. 아래에 Korean American과 TOEIC 870 점수의 평균 시간을 표기하였습니다. 자신의 시간도 재어 보고, 연습해 보세요.

Contents

MP3 음성파일 다운로드 www.wearebooks.co.kr

특허동사구 30!

□에 ✓표시하면서 기본 5회 이상 빠르게 말하면서 암기합니다.  Unit 1-1

		1	2	3	4	5

1 eat a black rose
a 검은 장미를 먹다.

2 meet her nose
그녀의 코를 만나다.

3 get up late
늦게 일어나다.

4 go to Africa by bike
자전거를 타고 아프리카에 가다.

5 dance with her beautiful pig
그녀의 아름다운 돼지와 춤추다.

6 play with a lazy apple
a 게으른 사과와 놀다.

7 open the broken window
the 고장 난 창문을 열다.

8 make a beautiful gorilla
a 아름다운 고릴라를 만들다.

9 remember his name
그의 이름을 기억하다.

10 drink their white coffee
그들의 흰색 커피를 마시다.

특허동사구 30!

□에 ✓표시하면서 기본 5회 이상 빠르게 말하면서 암기합니다. 

		1	2	3	4	5

11 **have a lot of money**
많은 돈을 가지고 있다.

12 **swim in a paper cup**
a 종이컵 속에서 수영을 하다.

13 **kick my crazy dog**
나의 미친개를 발로 차다.

14 **call me 'a fool'**
나를 '바보'라고 부르다.

15 **help poor ants**
가난한 개미들을 도와주다.

16 **dream a funny dream**
a 웃기는 꿈을 꾸다.

17 **talk about a crying dog**
a 울고 있는 개에 관하여 이야기하다.

18 **give her the hot ice**
그녀에게 the 뜨거운 얼음을 주다.

19 **show a sad picture to a laughing dog**
a 웃고 있는 개에게 a 슬픈 그림을 보여주다.

20 **cut a frog's hair**
a 개구리의 털을 자르다.

특허 동사구 30!

□에 ✓표시하면서 기본 5회 이상 빠르게 말하면서 암기합니다. MP3 Unit 1-3

	1	2	3	4	5

21 eat a black banana
a 검은 바나나를 먹다.

22 get up now
지금 일어나다.

23 meet her tomato
그녀의 토마토를 만나다.

24 play with her black apple
그녀의 검은 사과와 같이 놀다.

25 make a beautiful fox
a 아름다운 여우를 만들다.

26 go to Seoul by bike
자전거 타고 서울에 가다.

27 open your eyes
너의 눈s을 뜨다.

28 dance with a beautiful flower
a 아름다운 꽃과 춤추다.

29 remember his long name
그의 긴 이름을 기억하다.

30 have a good time
a 좋은 시간을 가지다.

Chapter 1
기본 동사구 활용법

Unit 01

명령문: 동사구!

~해라!

1 명령문 : RV(동사원형) ~! = 동사구!

① '~해라', '~하시오'의 의미를 나타내고자 할 때 사용합니다.

② 주어인 'You'가 생략된 표현입니다. 따라서, 동사구 자체 그대로가 명령문이 됩니다.

   ex (You) **Eat** a black rose! 검은 장미를 먹어라!

③ 정중한 부탁은 please와 함께 사용합니다.

   ex **Please eat** a black rose! / **Eat** a black rose, **please**! 검은 장미를 드세요!

2 명령문의 부가의문문: 동사구, will you?/ won't you?

   ex **Eat** a black rose, <u>will you</u>? / **Eat** a black rose, <u>won't you</u>?

   검은 장미를 먹어라, 그럴래? / 검은 장미를 먹어라, 그러지 않을래?

Quiz 다음 중 틀린 문장을 고르시오.

① Go home right now!   ② Wait for me over there!

③ Your teeth brush three times a day!   ④ You go ahead!

⑤ Please shut the door!

ANSWER ③

□에 ✓표시하면서 기본 5회 이상 빠르게 말하면서 암기합니다. MP3 Unit 1-1

	1	2	3	4	5

1 — **Eat** a black rose!
a 검은 장미를 **먹어라!**
□ □ □ □ □

2 — **Meet** her nose!
그녀의 코를 **만나라!**
□ □ □ □ □

3 — **Get up** late!
늦게 **일어나라!**
□ □ □ □ □

4 — **Go** to Africa by bike!
자전거를 타고 아프리카에 **가라!**
□ □ □ □ □

5 — **Dance** with her beautiful pig!
그녀의 아름다운 돼지와 **춤춰라!**
□ □ □ □ □

6 — **Play** with a lazy apple!
a 게으른 사과와 **놀아라!**
□ □ □ □ □

7 — **Open** the broken window!
the 고장 난 창문을 **열어라!**
□ □ □ □ □

8 — **Make** a beautiful gorilla!
a 아름다운 고릴라를 **만들어라!**
□ □ □ □ □

9 — **Remember** his name!
그의 이름을 **기억해라!**
□ □ □ □ □

10 — **Drink** their white coffee!
그들의 흰색 커피를 **마셔라!**
□ □ □ □ □

다음 우리말을 보고, 특허 동사구를 활용해 말해보세요.

1 a 검은 장미를 **먹어라**!

2 그녀의 코를 **만나라**!

3 늦게 **일어나라**!

4 자전거를 타고 아프리카에 **가라**!

5 그녀의 아름다운 돼지와 **춤춰라**!

6 a 게으른 사과와 **놀아라**!

7 the 고장 난 창문을 **열어라**!

8 a 아름다운 고릴라를 **만들어라**!

9 그의 이름을 **기억해라**!

10 그들의 흰색 커피를 **마셔라**!

□에 ✓표시하면서 기본 5회 이상 빠르게 말하면서 암기합니다. MP3 Unit 1-2

		1	2	3	4	5

11 **Have** a lot of money!
많은 돈을 가지고 있어라!

12 **Swim** in a paper cup!
a 종이컵 속에서 **수영을 해라**!

13 **Kick** my crazy dog!
나의 미친개를 발로 **차라**!

14 **Call** me 'a fool!'
나를 'a 바보'라고 **불러라**!

15 **Help** poor ants!
가난한 개미들을 **도와줘라**!

16 **Dream** a funny dream!
a 웃기는 꿈을 **꿔라**!

17 **Talk** about a crying dog!
a 울고 있는 개에 관하여 **이야기해라**!

18 **Give** her the hot ice.
그녀에게 the 뜨거운 얼음을 **줘라**!

19 **Show** a sad picture to a laughing dog!
a 웃고 있는 개에게 a 슬픈 그림을 **보여주어라**!

20 **Cut** a frog's hair!
a 개구리의 털을 **잘라라**!

다음 우리말을 보고, 특허 동사구를 활용해 말해보세요.

11 많은 돈을 **가지고 있어라!**

12 a 종이컵 속에서 **수영을 해라!**

13 나의 미친개를 **발로 차라!**

14 나를 'a 바보'라고 **불러라!**

15 가난한 개미들을 **도와줘라!**

16 a 웃기는 꿈을 **꿔라!**

17 a 울고 있는 개에 관하여 **이야기해라!**

18 그녀에게 the 뜨거운 얼음을 **줘라!**

19 a 웃고 있는 개에게 a 슬픈 그림을 **보여주어라!**

20 a 개구리의 털을 **잘라라!**

다음 우리말을 보고, 특허 동사구를 활용해 말해보세요. (MP3) Unit 1-3

21 a 검은 바나나를 **먹어라!**

22 지금 **일어나라!**

23 그녀의 토마토를 **만나라!**

24 그녀의 검은 사과와 같이 **놀아라!**

25 a 아름다운 여우를 **만들어라!**

26 자전거 타고 서울에 **가라!**

27 너의 눈s을 **떠라!**

28 a 아름다운 꽃과 **춤춰라!**

29 그의 긴 이름을 **기억해라!**

30 a 좋은 시간을 **가져라!**

answer

21 Eat a black banana!   22 Get up now!   23 Meet her tomato!   24 Play with her black apple!
25 Make a beautiful fox!   26 Go to Seoul by bike!   27 Open your eyes!   28 Dance with a
beautiful flower!   29 Remember his long name!   30 Have a good time!

위의 문장을 다시 5회 이상 읽고, 암기한 후 시간을 기록하세요.

Korean-American	TOEIC 870	my time
19초	23초	초

부정명령문: Don't + 동사구!
~하지 마!

1   부정명령문 : Don't + 동사구~!

① '~하지 마', '~하지 마시오.'의 의미를 나타내고자 할 때 사용합니다.

② 주어 'You'가 생략된 표현입니다.

  ⓔˣ (You) **Don't** play with an orange! an 오렌지와 놀지 마!

③ 정중한 부탁은 please와 함께 사용합니다.

  ⓔˣ **Please don't** play with an orange! / **Don't** play with an orange, **please**!
  제발 an 오렌지와 놀지 마세요.

2   부정명령문의 부가의문문: Don't + 동사구, will you?

  ⓔˣ **Don't** play with an orange, <u>will you</u>? an 오렌지와 놀지 마, 그럴 거지?

다음 중 <u>틀린</u> 문장을 고르시오.

① Don't count the trees.　　② Don't sleep under the bus.

③ Please don't wake me up till 7.　　④ Do no take a bus.

⑤ Please don't throw it away.

ANSWER ④

□에 ✓표시하면서 기본 5회 이상 빠르게 말하면서 암기합니다. _{MP3} **Unit 2-1**

	1	2	3	4	5

1 Don't play with an orange!
an 오렌지와 같이 놀지 마!

2 Don't use her computer!
그녀의 컴퓨터를 사용하지 마!

3 Don't talk about a crying dog!
a 울고 있는 개에 관하여 이야기하지 마!

4 Don't dance with the tree!
그 나무와 함께 춤을 추지 마!

5 Don't make a beautiful flower!
a 아름다운 꽃을 만들지 마!

6 Don't go to Mexico by plane!
비행기를 타고 멕시코에 가지 마!

7 Don't open your mouth!
너의 입을 벌리지 마!

8 Don't eat dinner with her!
그녀와 함께 저녁을 먹지 마!

9 Don't remember his right eye!
그의 오른쪽 눈을 기억하지 마!

10 Don't go to the mountain!
그 산에 가지 마!

다음 우리말을 보고, 특허 동사구를 활용해 말해보세요.

1 an 오렌지와 같이 **놀지 마!**

2 그녀의 컴퓨터를 **사용하지 마!**

3 a 울고 있는 개에 관하여 **이야기하지 마!**

4 그 나무와 함께 춤을 **추지 마!**

5 a 아름다운 꽃을 **만들지 마!**

6 비행기를 타고 멕시코에 **가지 마!**

7 너의 입을 **벌리지 마!**

8 그녀와 함께 저녁을 **먹지 마!**

9 그의 오른쪽 눈을 **기억하지 마!**

10 그 산에 **가지 마!**

□에 ✓표시하면서 기본 5회 이상 빠르게 말하면서 암기합니다. **MP3 Unit 2-2**

	1	2	3	4	5

11 **Please don't** have a lot of money!
제발 많은 돈을 가지고 있지 마세요!

12 **Please don't** swim in a paper river!
제발 a 종이 강에서 수영하지 마세요!

13 **Please don't** drink my hot coffee!
제발 나의 뜨거운 커피를 마시지 마세요!

14 **Please don't** study history now!
제발 지금 역사를 공부하지 마세요!

15 **Please don't** help poor children!
제발 가난한 어린이들을 도와주지 마세요!

16 **Please don't** dream a bad dream!
제발 a 나쁜 꿈을 꾸지 마세요!

17 **Please don't** meet her cat!
제발 그녀의 고양이를 만나지 마세요!

18 **Please don't** give a black banana to her!
제발 그녀에게 a 검은 바나나를 주지 마세요!

19 **Please don't** change my chair!
제발 저의 의자는 바꾸지 마세요!

20 **Please don't** kick a crazy ant!
제발 a 미친 개미를 차지 마세요!

다음 우리말을 보고, 특허 동사구를 활용해 말해보세요.

11 제발 많은 돈을 **가지고 있지 마세요!**

12 제발 a 종이 강에서 **수영하지 마세요!**

13 제발 나의 뜨거운 커피를 **마시지 마세요!**

14 제발 지금 역사를 **공부하지 마세요!**

15 제발 가난한 어린이들을 **도와주지 마세요!**

16 제발 a 나쁜 꿈을 **꾸지 마세요!**

17 제발 그녀의 고양이를 **만나지 마세요!**

18 제발 그녀에게 a 검은 바나나를 **주지 마세요!**

19 제발 저의 의자는 **바꾸지 마세요!**

20 제발 a 미친 개미를 **차지 마세요!**

다음 우리말을 보고, 특허 동사구를 활용해 말해보세요. MP3 Unit 2-3

21 그의 긴 이름을 **기억하지 마!**

22 a 좋은 꿈을 **갖지 마!**

23 그녀의 할아버지를 **만나지 마세요!**

24 그녀의 검은 호랑이와 같이 **놀지 마!**

25 a 아름다운 사과를 **만들지 마!**

26 지하철 타고 서울에 **가지 마!**

27 당신의 입을 **벌리지 마세요!**

28 a 키 큰 꽃과 **춤추지 마!**

29 지금 **일어나지 마!**

30 a 검은 사과를 **먹지 마!**

answer

21 Don't remember his long name!   22 Don't have a good dream!   23 Please don't meet her grandfather!   24 Don't play with her black tiger!   25 Don't make a beautiful apple!   26 Don't go to Seoul by subway!   27 Please don't open your mouth!   28 Don't dance with a tall flower! 29 Don't get up now!   30 Don't eat a black apple!

위의 문장을 다시 5회 이상 읽고, 암기한 후 시간을 기록하세요.

Korean-American	TOEIC 870	my time
21초	26초	초

청유문: Let's + 동사구!
~하자!

1 청유문 : Let's + 동사구!

① 화자가 청자에게 권유하는 문장입니다. '~하자'의 의미를 나타내고자 할 때 사용합니다.
  ⓔ **Let's** play with an apple! an 사과와 함께 놀자!

② '~하지 말자!'의 표현은 Let's 뒤에 **not**을 사용합니다.
  ⓔ **Let's not** play with an apple! an 사과와 함께 놀지 말자!

③ 'Why don't you + 동사구?'와 'How(What) about 동사(ing)구?'와 같은 의미입니다.
  ⓔ **Why don't you** play with an apple? = **How(What) about** play**ing** with an apple?

2 청유문의 부가의문문: Let's + 동사구, shall we?

  ⓔ **Let's** play with an apple, shall we? an 사과와 함께 놀자, 그럴래?

Quiz 다음 중 틀린 문장을 고르시오.

① Let's dance with them, shall we?　② Let's not study English tonight!
③ Let's go to the party!　④ Let's not make a noise!
⑤ Let's uses his computer!

ANSWER ⑤

특허 동사구 활용

□에 ✓표시하면서 기본 5회 이상 빠르게 말하면서 암기합니다. MP3 Unit 3-1

	1	2	3	4	5

1 **Let's** play with an apple!
an 사과와 함께 놀자!

2 **Let's** swim in a clean river!
a 깨끗한 강에서 수영하자!

3 **Let's** use his password!
그의 비밀번호를 사용하자!

4 **Let's** have a good hobby!
a 좋은 취미를 가지자!

5 **Let's** make a beautiful village!
a 아름다운 마을을 만들자!

6 **Let's** go to China by train!
기차를 타고 중국에 가자!

7 **Let's** open the front door!
the 앞문을 열자!

8 **Let's** sing with her!
그녀와 함께 노래하자!

9 **Let's** remember his address!
그의 주소를 기억하자!

10 **Let's** use his house!
그의 집을 사용하자!

다음 우리말을 보고, 특허 동사구를 활용해 말해보세요.

1 an 사과와 함께 **놀자**!

2 a 깨끗한 강에서 **수영하자**!

3 그의 비밀번호를 **사용하자**!

4 a 좋은 취미를 **가지자**!

5 a 아름다운 마을을 **만들자**!

6 기차를 타고 중국에 **가자**!

7 the 앞문을 **열자**!

8 그녀와 함께 **노래하자**!

9 그의 주소를 **기억하자**!

10 그의 집을 **사용하자**!

□에 ✓표시하면서 기본 5회 이상 빠르게 말하면서 암기합니다. MP3 Unit 3-2

	1	2	3	4	5

11 **Let's not** eat a black tomato!
a 검은 토마토를 **먹지 말자**!

12 **Let's not** forget his password!
그의 비밀번호를 **잊어버리지 말자**!

13 **Let's not** meet her teacher!
그녀의 선생님을 **만나지 말자**!

14 **Let's not** open our mind!
우리의 마음을 **열지 말자**!

15 **Let's not** help the tall children!
the 키 큰 어린이들을 **도와주지 말자**!

16 **Let's not** dream a funny dream!
a 웃기는 꿈을 **꾸지 말자**!

17 **Let's not** talk about a running snake!
a 달리고 있는 뱀에 관하여 **이야기하지 말자**!

18 **Let's not** give her a diamond ring!
그녀에게 a 다이아몬드 반지를 **주지 말자**!

19 **Let's not** finish our homework early
today! 오늘은 우리들의 숙제를 일찍 **마치지 말자**!

20 **Let's not** kick a crazy wind!
a 미친 바람을 **차지 말자**!

다음 우리말을 보고, 특허 동사구를 활용해 말해보세요.

11 a 검은 토마토를 **먹지 말자**!

12 그의 비밀번호를 **잊어버리지 말자**!

13 그녀의 선생님을 **만나지 말자**!

14 우리의 마음을 **열지 말자**!

15 the 키 큰 어린이들을 **도와주지 말자**!

16 a 웃기는 꿈을 **꾸지 말자**!

17 a 달리고 있는 뱀에 관하여 **이야기하지 말자**!

18 그녀에게 a 다이아몬드 반지를 **주지 말자**!

19 오늘은 우리들의 숙제를 일찍 **마치지 말자**!

20 a 미친 바람을 **차지 말자**!

다음 우리말을 보고, 특허 동사구를 활용해 말해보세요. (MP3) Unit 3-3

21 7시에 **일어나자**!

22 a 컵 안에서 **수영하자**!

23 그의 뜨거운 커피를 **마시지 말자**!

24 지금 수학 **공부하지 말자**!

25 그녀와 같이 a 아름다운 **노래를 하자**!

26 그녀의 아빠를 **만나지 말자**!

27 그의 붉은 눈s을 **기억하자**!

28 그녀의 뇌를 **바꾸자**!

29 a 미친 나무를 **차지 말자**!

30 a 가난한 사자를 **도와주자**!

`answer`

21 Let's get up at seven!　22 Let's swim in a cup!　23 Let's not drink his hot coffee!　24 Let's not study math now!　25 Let's sing a beautiful song with her!　26 Let's not meet her father!　27 Let's remember his red eyes!　28 Let's change her brain!　29 Let's not kick a crazy tree!　30 Let's help a poor lion!

위의 문장을 다시 5회 이상 읽고, 암기한 후 시간을 기록하세요.

Korean-American	TOEIC 870	my time
21초	26초	초

Review Test 1   Unit 1-3

다음 우리말을 영어로 말하고, 그 문장을 적어보세요.

1 the 불 속에 살아라!

2 그들에게 한국말을 가르치지 말자!

3 a 노래하는 새를 팔지 마!

4 the 냄새를 바꾸자!

5 내일은 일찍 자라!

6 a 좋은 친구와 놀지 마!

7 a 달리고 있는 택시에 관하여 이야기하지 말자!

8 그녀에게 the 꿀을 주자!

9 a 좋은 꿈을 주문하지 말자!

10 a 미친 거미를 차라!

answer

1 Live in the fire!   2 Let's not teach them Korean!
3 Don't sell a singing bird!   4 Let's change the smell!
5 Sleep early tomorrow!   6 Don't play with a good friend!
7 Let's not talk about a running taxi!   8 Let's give the honey to her!
9 Let's not order a good dream!   10 Kick a crazy spider!

다음 우리말을 영어로 말하고, 그 문장을 적어보세요.

11 내일 7시에 일어나래

____

12 여기서 수영하재

____

13 그의 뜨거운 사과를 먹어래

____

14 이번 주말에 수학 공부를 하지 마!

____

15 그녀의 엄마를 만나래

____

16 그녀의 아빠를 만나지 마세요!

____

17 그의 붉은 머리카락을 기억하재

____

18 그녀의 뇌를 바꿔래

____

19 a 큰 나무를 차지 말재

____

20 a 강한 사자를 도와주지 마!

____

answer	
11 Get up at seven tomorrow!	12 Let's swim here!
13 Eat his hot apple!	14 Don't study math this weekend!
15 Meet her mother!	16 Please don't meet her father!
17 Let's remember his red hair!	18 Change her brain!
19 Let's not kick a big tree!	20 Don't help a strong lion!

Unit 04

Are you going to + 동사구?

당신은 ~하려고 합니까?

1 Are you going to + 동사구?

① '당신은 ~하려고 합니까?'의 가까운 미래의 예정이나 확실하고 구체적인 계획을 나타내고자 할 때 사용합니다.

   ex **Are you going to** steal a long pencil? 당신은 a 긴 연필을 훔치려고 합니까?

② '가다'의 의미인 'go'가 있을 땐, 'to' 다음에 'go'를 생략해도 괜찮습니다.

   ex **Are you going to** go to school tomorrow? 너는 내일 학교에 가려고 하니?

   → **Are you going to** school tomorrow?

Quiz   다음 중 틀린 문장을 고르시오.

① Are you going to take a summer vacation?

② Are you going to staying at home?

③ Are you going to do it after school?

④ Are you going to the concert?

⑤ Are you going to wash the dishes?

ANSWER ②

□에 ✓표시하면서 기본 5회 이상 빠르게 말하면서 암기합니다. 🎧 Unit 4-1

	1	2	3	4	5

1 **Are you going to** steal a long pencil? □ □ □ □ □
당신은 a 긴 연필을 훔치려고 합니까?

2 **Are you going to** swim in her mouth? □ □ □ □ □
당신은 그녀의 입 속에서 수영하려고 합니까?

3 **Are you going to** pull my arm? □ □ □ □ □
당신은 나의 팔을 당기려고 합니까?

4 **Are you going to** love his dog? □ □ □ □ □
당신은 그의 개를 사랑하려고 합니까?

5 **Are you going to** help a black mouse? □ □ □ □ □
당신은 a 검은색 쥐를 도와주려고 합니까?

6 **Are you going to** dream a sad dream? □ □ □ □ □
당신은 a 슬픈 꿈을 꾸려고 합니까?

7 **Are you going to** talk about a sleeping □ □ □ □ □
king? 당신은 a 잠자는 왕에 관하여 이야기하려고 합니까?

8 **Are you going to** give his horn to her? □ □ □ □ □
당신은 그녀에게 그의 뿔을 주려고 합니까?

9 **Are you going to** order a new bike? □ □ □ □ □
당신은 a 새 자전거를 주문하려고 합니까?

10 **Are you going to** kick his knee? □ □ □ □ □
당신은 그의 무릎을 차려고 합니까?

다음 우리말을 보고, 특허 동사구를 활용해 말해보세요.

1 당신은 a 긴 연필을 **훔치려고 합니까?**

2 당신은 그녀의 입 속에서 **수영하려고 합니까?**

3 당신은 나의 팔을 **당기려고 합니까?**

4 당신은 그의 개를 **사랑하려고 합니까?**

5 당신은 a 검은색 쥐를 **도와주려고 합니까?**

6 당신은 a 슬픈 꿈을 **꾸려고 합니까?**

7 당신은 a 잠자는 왕에 관하여 **이야기하려고 합니까?**

8 당신은 그녀에게 그의 뿔을 **주려고 합니까?**

9 당신은 a 새 자전거를 **주문하려고 합니까?**

10 당신은 그의 무릎을 **차려고 합니까?**

□에 ✓표시하면서 기본 5회 이상 빠르게 말하면서 암기합니다. **MP3 Unit 4-2**

	1	2	3	4	5

11 Are you going to eat a rotten wolf?
당신은 a 썩은 늑대를 먹으려고 합니까?

12 Are you going to bother her?
당신은 그녀를 괴롭히려고 합니까?

13 Are you going to meet the queen?
당신은 그 여왕을 만나려고 합니까?

14 Are you going to play with her puppy?
당신은 그녀의 강아지와 놀려고 합니까?

15 Are you going to make a strong chick?
당신은 a 힘이 센 병아리를 만들려고 합니까?

16 Are you going to go to middle school with me?
당신은 나와 함께 중학교에 가려고 합니까?

17 Are you going to close your eyes?
당신은 당신의 눈s을 감으려고 합니까?

18 Are you going to dance with the sheep? 당신은 그 양과 함께 춤을 추려고 합니까?

19 Are you going to remember his phone number?
당신은 그의 전화번호를 기억하려고 합니까?

20 Are you going to use her right ear?
당신은 그녀의 오른쪽 귀를 사용하려고 합니까?

다음 우리말을 보고, 특허 동사구를 활용해 말해보세요.

11 당신은 a 썩은 늑대를 **먹으려고 합니까?**

12 당신은 그녀를 **괴롭히려고 합니까?**

13 당신은 그 여왕을 **만나려고 합니까?**

14 당신은 그녀의 강아지와 **놀려고 합니까?**

15 당신은 a 힘이 센 병아리를 **만들려고 합니까?**

16 당신은 나와 함께 중학교에 **가려고 합니까?**

17 당신은 당신의 눈s을 **감으려고 합니까?**

18 당신은 그 양과 함께 춤을 **추려고 합니까?**

19 당신은 그의 전화번호를 **기억하려고 합니까?**

20 당신은 그녀의 오른쪽 귀를 **사용하려고 합니까?**

다음 우리말을 보고, 특허 동사구를 활용해 말해보세요. MP3 Unit 4-3

21 당신은 그것을 **먹으려고 합니까?**

22 당신은 a 햄버거를 **먹으려고 합니까?**

23 당신은 점심으로 두 개의 햄버거s를 **먹으려고 합니까?**

24 당신은 내일 우리를 **초대하려고 합니까?**

25 당신은 우리를 당신의 생일 파티에 **초대하려고 합니까?**

26 당신은 오늘 밤 11시에 **자려고 합니까?**

27 당신은 당신의 아들을 **꾸짖으려고 합니까?**

28 당신은 당신의 엄마가 설거지하는 것을 **도와주려고 합니까?**

29 당신은 그를 **혼내주려고 합니까?**

30 당신은 내일 낚시 **가려고 합니까?**

`answer`

21 Are you going to eat it? 22 Are you going to eat a hamburger? 23 Are you going to eat two hamburgers for lunch? 24 Are you going to invite us tomorrow? 25 Are you going to invite us to your birthday party? 26 Are you going to sleep at 11 o'clock tonight? 27 Are you going to scold your son? 28 Are you going to help your mother (to) wash the dishes? 29 Are you going to give him a hard time? 30 Are you going to go fishing tomorrow?

위의 문장을 다시 5회 이상 읽고, 암기한 후 시간을 기록하세요.

Korean-American	TOEIC 870	my time
29초	33초	초

Unit 05 — I'm going to + 동사구.

나는 ~하려고 해.

1 I'm going to + 동사구.

① **Unit 4**의 "Are you going to + 동사구?"에 대한 대답으로 '나는 ~하려고 해.'의 의미를 나타내고자 할 때 사용합니다.

② **be going to** 다음엔 반드시 동사원형이 나옵니다.

ex **I'm going to** steal a long train. 나는 a 긴 기차를 훔치려고 해.

③ 부정문은 be동사 뒤에 **not**을 사용합니다.

ex **I'm not going to** steal a long train. 나는 a 긴 기차를 훔치지 않으려고 해.

2 "be going to + 동사구" *vs.* "will + 동사구"

'be going to'는 미래에 할 일에 대해 확실한 것(할 의지가 강한)인 반면에, **'will'**은 그냥 일상적으로 미래에 무엇을 할지 가볍게 말할 때 사용합니다.

Quiz 다음 중 틀린 문장을 고르시오.

① I'm going to take a bath.　② I'm going to go to the subway station.
③ I'm going to has lunch.　④ I'm going to do my homework.
⑤ I'm not going to read the book.

ANSWER ③

□에 ✓표시하면서 기본 5회 이상 빠르게 말하면서 암기합니다. (MP3) Unit 5-1

	1	2	3	4	5

1 **I'm going to** steal a long train.
나는 a 긴 기차를 **훔치려고 해**.

2 **I'm going to** work in her garden.
나는 그녀의 정원에서 **일하려고 해**.

3 **I'm going to** pull the rope hard.
나는 그 밧줄을 힘껏 **당기려고 해**.

4 **I'm going to** marry the fox.
나는 그 여우와 **결혼하려고 해**.

5 **I'm going to** help a strong boy.
나는 a 튼튼한 소년을 **도와주려고 해**.

6 **I'm going to** dream a new dream.
나는 a 새로운 꿈을 **꾸려고 해**.

7 **I'm going to** blow my nose in front of a dog. 나는 a 개 앞에서 나의 코를 **풀려고 해**.

8 **I'm going to** give a necklace to her tomorrow. 나는 그녀에게 내일 a 목걸이를 **주려고 해**.

9 **I'm going to** order spaghetti for dinner.
나는 저녁으로 스파게티를 **주문하려고 해**.

10 **I'm going to** twist his wrist.
나는 그의 손목을 **꺾으려고 해**.

11 나는 a 썩은 호박을 **버리지 않으려고 해.**

12 나는 내일 그것을 **배달하지 않으려고 해.**

13 나는 그 왕자를 그곳에서 **만나지 않으려고 해.**

14 나는 그녀의 지팡이와 **놀지 않으려고 해.**

15 나는 a 환상적인 지옥을 **만들지 않으려고 해.**

16 나는 그와 같이 교회에 **가지 않으려고 해.**

17 나는 나의 팔s을 **벌리지 않으려고 해.**

18 나는 그 검은 눈사람과 **춤추지 않으려고 해.**

19 나는 그녀의 못생긴 귀를 **기억하지 않으려고 해.**

20 나는 the 검은 물을 **마시지 않으려고 해.**

다음 우리말을 보고, 특허 동사구를 활용해 말해보세요. MP3 Unit 5-3

21 나는 그것을 먹지 않으려고 해.

22 나는 10개의 햄버거s를 **먹으려고** 해.

23 나는 11개의 햄버거s를 저녁으로 **먹지 않으려고** 해.

24 나는 너를 **초대하려고** 해.

25 나는 너를 나의 생일 파티에 **초대하지 않으려고** 해.

26 나는 오늘 밤 일찍 **자려고** 해.

27 나는 그녀가 영어 공부하는 것을 **도와주지 않으려고** 해.

28 나는 내일 비행기로 서울에 **가려고** 해.

29 나는 그녀를 **혼내주지 않으려고** 해.

30 나는 온라인으로 a 책상을 **주문하려고** 해.

answer

21 I'm not going to eat it. 22 I'm going to eat ten hamburgers. 23 I'm not going to eat eleven hamburgers for dinner. 24 I'm going to invite you. 25 I'm not going to invite you to my birthday party. 26 I'm going to sleep early tonight. 27 I'm not going to help her study English. 28 I'm going to go to Seoul by plane tomorrow. 29 I'm not going to give her a hard time. 30 I'm going to order a desk online.

위의 문장을 다시 5회 이상 읽고, 암기한 후 시간을 기록하세요.

Korean-American	TOEIC 870	my time
24초	29초	초

Unit 06 일반동사의 평서문: 주어 + 동사구.

주어가 ~하다.

1 일반동사란?

: be동사(am, are, is)와 조동사(can, must, should, may, will 등)가 아닌 teach, work 등 일반적인 행동을 나타내는 동사를 말합니다.

2 일반동사의 평서문 : 주어 + 동사구.

① '주어는 ~한다'의 의미를 나타내고자 할 때 사용합니다.

   ex **I** dream a sad dream every day. 나는 매일 a 슬픈 꿈을 꾼다.

   ex **You** swim in the river. 너는 the 강에서 수영한다.

② 주어가 3인칭 단수 명사나 대명사(he, she, it)일 경우 동사는 3인칭 단수 동사를 사용합니다.

   ex **The tree** has large leaves. 그 나무는 큰 잎s을 가지고 있다.

   ex **She** goes to school by bus. 그녀는 버스를 타고 학교에 간다.

Quiz 다음 중 틀린 문장을 고르시오.

① I talking about the dancing horse.
② I give her an ice cream.
③ I bite a fat eagle.
④ It has four legs.
⑤ He loves her.

ANSWER ①

□에 ✓표시하면서 기본 5회 이상 빠르게 말하면서 암기합니다. (MP3) Unit 6-1

	1	2	3	4	5

1 **I dream a sad dream every day.**
나는 매일 a 슬픈 꿈을 **꾼다**.

2 **I swim in a pond.**
나는 a 연못에서 **수영한다**.

3 **I need her power.**
나는 그녀의 힘이 **필요하다**.

4 **I love your honor.**
나는 당신의 명예(honor)를 **사랑한다**.

5 **I help a rich lady.**
나는 a 부자 숙녀를 **도와준다**.

6 **I have a big mouth.**
나는 a 큰 입을 **가지고 있다**.

7 **I talk about a crying tree.**
나는 a 울고 있는 나무에 관하여 **이야기한다**.

8 **I give a soccer ball to her.**
나는 그녀에게 a 축구공을 **준다**.

9 **I order a used lemon.**
나는 a 중고 레몬을 **주문한다**.

10 **I kick a computer hard.**
나는 a 컴퓨터를 힘껏 **찬다**.

다음 우리말을 보고, 특허 동사구를 활용해 말해보세요.

1. **나는** 매일 a 슬픈 꿈을 **꾼다.**

2. **나는** a 연못에서 **수영한다.**

3. **나는** 그녀의 힘이 **필요하다.**

4. **나는** 당신의 명예를 **사랑한다.**

5. **나는** a 부자 숙녀를 **도와준다.**

6. **나는** a 큰 입을 **가지고 있다.**

7. **나는** a 울고 있는 나무에 관하여 **이야기한다.**

8. **나는** 그녀에게 a 축구공을 **준다.**

9. **나는** a 중고 레몬을 **주문한다.**

10. **나는** a 컴퓨터를 힘껏 **찬다.**

☐에 ✓표시하면서 기본 5회 이상 빠르게 말하면서 암기합니다. **MP3 Unit 6-2**

	1	2	3	4	5

11 I live on the ice.
나는 the 얼음 위에 **산다**.

12 I kick a bad crow.
나는 a 나쁜 까마귀(crow)를 **찬다**.

13 I sell a black flower in China.
나는 a 검은 꽃을 중국에서 **판다**.

14 I change your bad habit.
나는 당신의 나쁜 버릇을 **바꾼다**.

15 I sleep in a taxi.
나는 a 택시에서 **잔다**.

16 I go to his school by bus.
나는 버스를 타고 그의 학교에 **간다**.

17 I open the umbrella.
나는 the 우산을 **편다**.

18 I dance with a dolphin.
나는 a 돌고래와 춤을 **춘다**.

19 I remember his big pimple.
나는 그의 큰 여드름(pimple)을 **기억한다**.

20 I buy shoes in Africa.
나는 아프리카에서 신발s을 **산다**.

다음 우리말을 보고, 특허 동사구를 활용해 말해보세요.

11 나는 the 얼음 위에 **산다**.

12 나는 a 나쁜 까마귀를 **찬다**.

13 나는 a 검은 꽃을 중국에서 **판다**.

14 나는 당신의 나쁜 버릇을 **바꾼다**.

15 나는 a 택시에서 **잔다**.

16 나는 버스를 타고 그의 학교에 **간다**.

17 나는 the 우산을 **편다**.

18 나는 a 돌고래와 춤을 **춘다**.

19 나는 그의 큰 여드름을 **기억한다**.

20 나는 아프리카에서 신발s을 **산다**.

도전! 특허 동사구 활용

다음 우리말을 보고, 특허 동사구를 활용해 말해보세요. (MP3) **Unit 6-3**

⭐ **21** 나는 아빠와 같이 **축구를 한다.**

⭐ **22** 나는 a 햄버거를 **주문한다.**

⭐ **23** 나는 9시에 아침을 **먹는다.**

⭐ **24** 나는 그의 아름다운 오른쪽 눈을 **기억한다.**

⭐ **25** 나는 불쌍한 어린이들을 **도와준다.**

⭐ **26** 나는 매일 **세수를 한다.**

⭐ **27** 나는 매일 밤 a 이상한 꿈을 **꾼다.**

⭐ **28** 나는 매일 아침 그녀에게 a 다이아몬드 반지를 **준다.**

⭐ **29** 나는 너를 **이해한다.**

⭐ **30** 나는 나의 나쁜 습관을 **바꾼다.**

answer

21 I play soccer with father.   22 I order a hamburger.   23 I eat breakfast at nine.
24 I remember his beautiful right eye.   25 I help poor children.   26 I wash my face every day.
27 I dream a strange dream every night.   28 I give a diamond ring to her every morning.
29 I understand you.   30 I change my bad habit.

위의 문장을 다시 5회 이상 읽고, 암기한 후 시간을 기록하세요.

Korean-American	TOEIC 870	my time
20초	24초	초

Review Test 2 Unit 4-6  MP3 Review Test 2

다음 우리말을 영어로 말하고, 그 문장을 적어보세요.

1 너는 커피를 마시려고 하니?

2 나는 커피를 마시지 않으려고 해.

3 너는 그녀를 만나려고 하니?

4 나는 그녀와 춤을 추려고 해.

5 나는 매일 아침 늦게 일어난다.

6 나는 돈이 많아.

7 나는 매일 밤 너에 관한 꿈을 꾼다.

8 너는 a 초록색 가방을 가지고 있다.

9 난 그곳에 가지 않으려고 해.

10 난 그곳에 가려고 해.

다음 우리말을 영어로 말하고, 그 문장을 적어보세요.

11 너는 아이스크림을 먹을 거니?

____

12 아니, 나는 피자 한 조각을 먹을 거야. (a slice of pizza)

____

13 나는 한국에 산다.

____

14 너는 미국에 갈 거니?

____

15 아니, 나는 영국에 갈 거야.

____

16 나는 그의 이야기를 믿는다.

____

17 나는 그의 뜨거운 커피를 마신다.

____

18 너는 내일 the 바다에 갈 거니?

____

19 나는 내일 the 도서관에 가려고 해.

____

20 너는 그녀와 과학 공부를 한다.

____

answer
11 Are you going to eat ice cream?　12 No, I'm going to eat a slice of pizza.
13 I live in Korea.　14 Are you going to go to America?
15 No, I'm going to England.　16 I believe his story.
17 I drink his hot coffee.　18 Are you going to the sea tomorrow?
19 I'm going to the library tomorrow.　20 You study science with her.

다음 우리말을 영어로 말하고, 그 문장을 적어보세요.

1　나는 the 시간표를 매일 바꾼다.

2　서울로 가는 the 1시 기차를 잡아라!

3　제발 나의 사무실을 청소하지 마세요!

4　나는 그녀에게 a 문자를 보내려고 한다.

5　너는 나의 손을 잡으려고 하니?

6　a 식사를 주문하자!

7　그의 개와 함께 이야기하지 말자!

8　나는 a 만화책을 읽으려고 한다.

9　나는 매년 2그루의 나무s 심는다.

10　저 코끼리 앞에 너의 차를 주차해라!

---

answer　1 I change the timetable every day.　2 Catch the one o'clock atrain to Seoul!　3 Please don't clean my office!　4 I'm going to send a text message to her.　5 Are you going to hold my hand?　6 Let's order a meal!　7 Let's not talk with his dog!　8 I'm going to read a comic book. 9 I plant two trees every year.　10 Park your car in front of that elephant!

11   the 기린의 짧은 목을 사용하자!

12   나는 점심으로 a 치즈 샌드위치를 먹는다.

13   나는 그를 여기에서 기다리지 않으려고 해.

14   나는 매일 아침 the 시장으로 걸어간다.

15   나를 쳐다보지 마!

16   the 고장 난 컴퓨터를 고치자!

17   나는 the 시끄러운 토끼와 함께 a 슬픈 영화를 보지 않으려고 한다.

18   그녀의 왼쪽 눈을 이 꽃으로 덮자!

19   the 오후에 the 잔디에 물을 주지 마!

20   the 교실에서 a 키가 큰 소년과 함께 놀아라!

Chapter 2

일반동사 활용 동사구

Unit 07 — 일반동사의 의문문: Do you + 동사구?

당신은 ~하나요?

1 일반동사의 의문문 : Do you + 동사구?

① '당신은 ~하나요?'의 의미를 나타내고자 할 때 사용합니다.

ex **Do you** give a cold to her? 당신은 그녀에게 a 감기를 주나요?

② 주어가 3인칭 단수 명사나 대명사(he, she, it)일 경우 "Does 주어 + 동사구?"를 사용합니다.

ex **Does she** go to work by car? 그녀는 차를 타고 회사에 가나요?

③ 과거시제의 경우 주어의 수와 상관없이 항상 Did를 사용합니다.

ex **Did she** go to work by car? 그녀는 차를 타고 회사에 갔나요?

Quiz 다음 중 틀린 문장을 고르시오.

① Do you swim in a clean river?　② Do you remember his address?
③ Are you make a beautiful village?　④ Do you take the history class?
⑤ Does it cost a lot?

ANSWER ③

□에 ✓ 표시하면서 기본 5회 이상 빠르게 말하면서 암기합니다. **MP3 Unit 7-1**

	1	2	3	4	5

1 **Do you** give a cold to her?
당신은 그녀에게 a 감기(cold)를 **주나요**?

2 **Do you** bite a fat tiger?
당신은 a 살찐 호랑이를 **물어요**? (bite - 물다)

3 **Do you** sell a red milk cow?
당신은 a 붉은색 젖소를 **팔아요**?

4 **Do you** change your love?
당신은 당신의 사랑을 **바꾸나요**?

5 **Do you** prepare the party?
당신은 the 파티를 **준비하나요**? (prepare - 준비하다)

6 **Do you** work here?
당신은 여기에서 **근무하나요**?

7 **Do you** talk about the dancing skunk?
당신은 the 춤추고 있는 스컹크에 관하여 **이야기하나요**?

8 **Do you** live in Japan?
당신은 일본에서 **사나요**?

9 **Do you** order a used ink?
당신은 a 중고 잉크(used ink)를 **주문하나요**?

10 **Do you** kick a light desk?
당신은 a 가벼운(light) 책상을 **차나요**?

다음 우리말을 보고, 특허 동사구를 활용해 말해보세요.

1. **당신은** 그녀에게 a 감기를 **주나요?**

2. **당신은** a 살찐 호랑이를 **물어요?**

3. **당신은** a 붉은색 젖소를 **팔아요?**

4. **당신은** 당신의 사랑을 **바꾸나요?**

5. **당신은** the 파티를 **준비하나요?**

6. **당신은** 여기에서 **근무하나요?**

7. **당신은** the 춤추고 있는 스컹크에 관하여 **이야기하나요?**

8. **당신은** 일본에서 **사나요?**

9. **당신은** a 중고 잉크를 **주문하나요?**

10. **당신은** a 가벼운 책상을 **차나요?**

□에 ✓표시하면서 기본 5회 이상 빠르게 말하면서 암기합니다. MP3 Unit 7-2

	1	2	3	4	5

11 **Do you** eat a rotten fruit?
당신은 a 썩은(rotten) 과일을 **먹나요?**

12 **Do you** get up in the afternoon?
당신은 the 오후에 **일어나나요?**

13 **Do you** meet a black snowman?
당신은 a 검은 눈사람을 **만나나요?**

14 **Do you** play with a rose?
당신은 a 장미와 같이 **노나요?**

15 **Do you** make a noisy city?
당신은 a 시끄러운(noisy) 도시를 **만드나요?**

16 **Do you** go to Brazil by taxi?
당신은 택시를 타고 브라질에 **가나요?**

17 **Do you** close your mind?
당신은 당신의 마음을 **닫나요?**

18 **Do you** dance with them?
당신은 그들과 같이 춤을 **추나요?**

19 **Do you** remember his face?
당신은 그의 얼굴을 **기억하나요?**

20 **Do you** use her phone?
당신은 그녀의 전화를 **사용하나요?**

다음 우리말을 보고, 특허 동사구를 활용해 말해보세요.

11　당신은 a 썩은 과일을 **먹나요**?

12　당신은 the 오후에 **일어나나요**?

13　당신은 a 검은 눈사람을 **만나나요**?

14　당신은 a 장미와 같이 **노나요**?

15　당신은 a 시끄러운 도시를 **만드나요**?

16　당신은 택시를 타고 브라질에 **가나요?**

17　당신은 당신의 마음을 **닫나요**?

18　당신은 그들과 같이 춤을 **추나요**?

19　당신은 그의 얼굴을 **기억하나요**?

20　당신은 그녀의 전화를 **사용하나요**?

다음 우리말을 보고, 특허 동사구를 활용해 말해보세요. (MP3) Unit 7-3

⭐ 21 당신은 4시에 **일어나나요**?

⭐ 22 당신은 a 컵 안에서 잠을 **자나요**?

⭐ 23 당신은 그의 뜨거운 커피를 **마시나요**?

⭐ 24 당신은 매일 수학 공부를 **하나요**?

⭐ 25 당신은 그녀와 함께 a 아름다운 노래를 **부르나요**?

⭐ 26 당신은 그녀의 아빠를 **만나나요**?

⭐ 27 당신은 나를 **믿나요**?

⭐ 28 당신은 그녀의 전화번호를 **바꾸나요**?

⭐ 29 당신은 a 핑크색 나무를 **당기나요**?

⭐ 30 당신은 a 가난한 사자를 **이해하나요**?

answer

21 Do you get up at four?　22 Do you sleep in a cup?　23 Do you drink his hot coffee? 24 Do you study math every day?　25 Do you sing a beautiful song with her?　26 Do you meet her father?　27 Do you believe me?　28 Do you change her phone number?　29 Do you pull a pink tree?　30 Do you understand a poor lion?

위의 문장을 다시 5회 이상 읽고, 암기한 후 시간을 기록하세요.

Korean-American	TOEIC 800	my time
20초	24초	초

일반동사의 부정문 : I don't + 동사구.

나는 ~하지 않습니다.

1 일반동사의 부정문 : I don't + 동사구.

① '나는 ~하지 않습니다.'의 의미를 나타내고자 할 때 사용합니다. don't는 do not의 줄임말입니다.

  ⓔ **I don't** give a frog to her. 나는 그녀에게 a 개구리를 주지 않습니다.

③ 주어가 3인칭 단수 명사나 대명사(he, she, it)일 경우 "주어 + doesn't + 동사구."를 사용합니다.

  ⓔ **She doesn't** go to work by car. 그녀는 회사에 차를 타고 가지 않습니다.

③ 과거시제의 경우 주어의 수와 상관없이 항상 didn't를 사용합니다.

  ⓔ **She didn't** go to work by car. 그녀는 회사에 차를 타고 가지 않았습니다.

Quiz 다음 중 틀린 문장을 고르시오.

① I'm not eat breakfast at nine.　　② It doesn't have a window.

③ She didn't know the truth.　　④ I don't order a hamburger.

⑤ I don't play soccer with my son.

ANSWER ①

□에 ✓표시하면서 기본 5회 이상 빠르게 말하면서 암기합니다. **MP3 Unit 8-1**

	1	2	3	4	5

1 **I don't** give a frog to her.
나는 그녀에게 a 개구리(frog)를 주지 않습니다.

2 **I don't** talk about a studying teacher.
나는 a 공부하고 있는 선생님에 관하여 이야기하지 않습니다.

3 **I don't** dream every night.
나는 매일 밤 꿈을 꾸지 않습니다.

4 **I don't** order pizza online.
나는 피자를 온라인으로 주문하지 않습니다.

5 **I don't** kick a fallen snail.
나는 a 넘어진 달팽이를 차지 않습니다.

6 **I don't** have a hammer.
나는 a 망치(hammer)를 가지고 있지 않습니다.

7 **I don't** sleep in the river.
나는 the 강 속에서 잠을 자지 않습니다.

8 **I don't** need your help.
나는 당신의 도움이 필요하지 않습니다.

9 **I don't** love your spider.
나는 당신의 거미를 사랑하지 않습니다.

10 **I don't** help a rich mouse.
나는 a 부자 쥐를 도와주지 않습니다.

1. 나는 그녀에게 a 개구리를 **주지 않습니다.**

2. 나는 a 공부하고 있는 선생님에 관하여 **이야기하지 않습니다.**

3. 나는 매일 밤 꿈을 **꾸지 않습니다.**

4. 나는 피자를 온라인으로 **주문하지 않습니다.**

5. 나는 a 넘어진 달팽이를 **차지 않습니다.**

6. 나는 a 망치를 **가지고 있지 않습니다.**

7. 나는 the 강 속에서 잠을 **자지 않습니다.**

8. 나는 당신의 도움이 **필요하지 않습니다.**

9. 나는 당신의 거미를 **사랑하지 않습니다.**

10. 나는 a 부자 쥐를 **도와주지 않습니다.**

□에 ✓표시하면서 기본 5회 이상 빠르게 말하면서 암기합니다. **MP3 Unit 8-2**

	1	2	3	4	5

11 **I don't** go to the hell by plane.
나는 비행기를 타고 the 지옥(hell)에 가지 않습니다.

12 **I don't** open my eyes in the water.
나는 the 물속에서 나의 눈s을 뜨지 않습니다.

13 **I don't** dance with her grandmother.
나는 그녀의 할머니와 춤을 추지 않습니다.

14 **I don't** remember his wrist.
나는 그의 손목을 기억하지 않습니다.

15 **I don't** use their toothpaste.
나는 그들의 치약을 사용하지 않습니다.

16 **I don't** eat old fruits.
나는 오래된 과일s을 먹지 않습니다.

17 **I don't** bother them.
나는 그들을 괴롭히지 않습니다.

18 **I don't** meet the snake on Monday.
나는 그 뱀을 월요일에 만나지 않습니다.

19 **I don't** play with a bad snake.
나는 a 나쁜 뱀과 함께 놀지 않습니다.

20 **I don't** make a small notebook.
나는 a 작은 공책을 만들지 않습니다.

다음 우리말을 보고, 특허 동사구를 활용해 말해보세요.

11 나는 비행기를 타고 the 지옥에 **가지 않습니다.**

12 나는 the 물속에서 나의 눈s을 **뜨지 않습니다.**

13 나는 그녀의 할머니와 춤을 **추지 않습니다.**

14 나는 그의 손목을 **기억하지 않습니다.**

15 나는 그들의 치약을 **사용하지 않습니다.**

16 나는 오래된 과일s을 **먹지 않습니다.**

17 나는 그들을 **괴롭히지 않습니다.**

18 나는 그 뱀을 월요일에 **만나지 않습니다.**

19 나는 a 나쁜 뱀과 함께 **놀지 않습니다.**

20 나는 a 작은 공책을 **만들지 않습니다.**

다음 우리말을 보고, 특허 동사구를 활용해 말해보세요. (MP3) Unit 8-3

21 나는 최선을 다하지 **않습니다.**

22 나는 그의 마음을 **이해하지 않습니다.**

23 나는 a 거짓말을 **하지 않습니다.**

24 나는 그들과 함께 the 산 속에 **살지 않습니다.**

25 나는 열심히 영어를 **공부하지 않습니다.**

26 나는 나의 엄마에게 a 생일카드를 매년 **보내지 않습니다.**

27 나는 the 저녁에 **축구를 하지 않습니다.**

28 나는 a 오이(cucumber)를 먹지 **않습니다.**

29 나는 a 어려운 영어 질문은 하지 **않습니다.**

30 나는 녹차를 **마시지 않습니다.**

answer

21 I don't do my best. 22 I don't understand his mind. 23 I don't tell a lie. 24 I don't live with them in the mountain. 25 I don't study English hard. 26 I don't send a birthday card to my mother every year. 27 I don't play soccer in the evening. 28 I don't eat a cucumber. 29 I don't ask a difficult English question. 30 I don't drink green tea.

위의 문장을 다시 5회 이상 읽고, 암기한 후 시간을 기록하세요.

Korean-American	TOEIC 870	my time
21초	25초	초

Unit 09 부정의문문: Don't you + 동사구?
너는 ~하지 않니?

1 부정의문문 : Don't you + 동사구~?

① '너는 ~하지 않니?'의 의미를 나타내고자 할 때 사용합니다.

ex **Don't you** swim in her mouth? 너는 그녀의 입 속에서 수영하지 않니?

2 부정의문문의 대답

부정의문문에 대한 대답은 긍정의문문과 같습니다.

ex **Don't you** swim in her mouth? 너는 그녀의 입 속에서 수영하지 않니?
→ **Do you** swim in her mouth?
→ Yes, I do. 응.
→ No, I don't. 아니.

다음 중 틀린 문장을 고르시오.

① Don't you play tennis?　　② Don't you go to the gym every day?
③ Don't you teaching them English? ④ Don't you turn over the table?
⑤ Don't you need a pen?

ANSWER ③

특허 동사구 활용

□에 ✓표시하면서 기본 5회 이상 빠르게 말하면서 암기합니다. **MP3 Unit 9-1**

	1	2	3	4	5

1. **Don't you** swim in her mouth?
너는 그녀의 입 속에서 수영하지 **않니?**

2. **Don't you** have a long pencil?
너는 a 긴 연필을 가지고 있지 **않니?**

3. **Don't you** need my car key?
너는 나의 차 열쇠가 필요하지 **않니?**

4. **Don't you** love his puppy?
너는 그의 강아지를 사랑하지 **않니?**

5. **Don't you** help a yellow tree?
너는 a 노란색 나무를 도와주지 **않니?**

6. **Don't you** dream a happy dream?
너는 a 행복한 꿈을 꾸지 **않니?**

7. **Don't you** talk about a swimming fly?
너는 a 수영하는 파리에 관하여 이야기하지 **않니?**

8. **Don't you** give her a hair pin?
너는 그녀에게 a 머리핀을 주지 **않니?**

9. **Don't you** order a bike?
너는 a 자전거(bike)를 주문하지 **않니?**

10. **Don't you** kick the tank?
너는 the 탱크를 차지 **않니?**

다음 우리말을 보고, 특허 동사구를 활용해 말해보세요.

1. 너는 그녀의 입 속에서 수영**하지 않니**?

2. 너는 a 긴 연필을 가지고 있**지 않니**?

3. 너는 나의 차 열쇠가 필요**하지 않니**?

4. 너는 그의 강아지를 사랑**하지 않니**?

5. 너는 a 노란색 나무를 도와주**지 않니**?

6. 너는 a 행복한 꿈을 꾸**지 않니**?

7. 너는 a 수영하는 파리에 관하여 이야기**하지 않니**?

8. 너는 그녀에게 a 머리핀을 주**지 않니**?

9. 너는 a 자전거를 주문하**지 않니**?

10. 너는 the 탱크를 차**지 않니**?

□에 ✓표시하면서 기본 5회 이상 빠르게 말하면서 암기합니다. **MP3 Unit 9-2**

	1	2	3	4	5

11 **Don't you** eat delicious lunch?
너는 맛있는(delicious) 점심을 먹지 **않니**?

12 **Don't you** get up early?
너는 일찍 일어나지 **않니**?

13 **Don't you** meet her mother?
너는 그녀의 엄마를 만나지 **않니**?

14 **Don't you** play with a white rose?
너는 a 하얀 장미와 같이 놀지 **않니**?

15 **Don't you** make a sand castle?
너는 a 모래성을 만들지 **않니**?

16 **Don't you** go to Switzerland by ship?
너는 배(ship)를 타고 스위스에 가지 **않니**?

17 **Don't you** open your mouth?
너는 당신의 입을 벌리지 **않니**?

18 **Don't you** dance with the wolf?
너는 그 늑대와 같이 춤을 추지 **않니**?

19 **Don't you** remember his finger?
너는 그의 손가락을 기억하지 **않니**?

20 **Don't you** use his back?
너는 그의 등을 사용하지 **않니**?

다음 우리말을 보고, 특허 동사구를 활용해 말해보세요.

11 너는 맛있는 점심을 먹지 **않니**?

12 너는 일찍 일어나지 **않니**?

13 너는 그녀의 엄마를 만나지 **않니**?

14 너는 a 하얀 장미와 같이 놀지 **않니**?

15 너는 a 모래성을 만들지 **않니**?

16 너는 배를 타고 스위스에 가지 **않니**?

17 너는 당신의 입을 벌리지 **않니**?

18 너는 그 늑대와 같이 춤을 추지 **않니**?

19 너는 그의 손가락을 기억하지 **않니**?

20 너는 그의 등을 사용하지 **않니**?

다음 우리말을 보고, 특허 동사구를 활용해 말해보세요. (MP3) Unit 9-3

21 ★ 너는 최선을 다하지 **않니?**

22 ★ 너는 그의 마음을 이해하지 **않니?**

23 ★ 너는 커피를 많이 마시지 **않니?**

24 ★ 너는 혼자 살지 **않니?**

25 ★ 너는 나에게 a 수학책을 빌려주지 **않니?**

26 ★ 너는 그녀에게 a 크리스마스 카드를 보내지 **않니?**

27 ★ 너는 그의 눈S을 믿지 **않니?**

28 ★ 너는 너의 비밀을 나에게 말해주지 **않니?**

29 ★ 너는 축구하는 것을 좋아하지 **않니?**

30 ★ 너는 a 어려운 질문은 하지 **않니?**

answer

21 Don't you do your best?　22 Don't you understand his mind?　23 Don't you drink a lot of(much) coffee?　24 Don't you live alone?　25 Don't you lend me a math book?　26 Don't you send a Christmas card to her?　27 Don't you believe his eyes?　28 Don't you tell me your secret?(/tell your secret to me?)　29 Don't you like to play soccer?(/like playing soccer?)　30 Don't you ask a difficult question?

위의 문장을 다시 5회 이상 읽고, 암기한 후 시간을 기록하세요.

Korean-American	TOEIC 870	my time
21초	24초	초

Unit 10 — Do you want to + 동사구?
너는 ~하고 싶니?

1 Do you want to + 동사구?

① '너는 ~하고 싶니?'의 의미를 나타내고자 할 때 사용합니다.

 ex **Do you want to** sell your voice? 너는 너의 목소리를 팔고 싶니?

② "Do you want + 명사?"는 "너는 명사를 원하니?"의 의미를 나타내고자 할 때 사용합니다.

 ex **Do you want** my car? 너는 내 차를 원하니?

③ "Would you like to + 동사구?"는 더 공손한 표현입니다.

 ex **Would you like to** swim? 수영하시겠어요?

  → No, I would like to go home. 아니요, 전 집에 가고 싶어요.

Quiz 다음 중 틀린 문장을 고르시오.

① Do you want to listen to the music?

② Do you want to play the piano?

③ Do you want to go to the restaurant?

④ Do you want to reading my comic books?

⑤ Do you want to pass the exam?

ANSWER ④

□에 ✓표시하면서 기본 5회 이상 빠르게 말하면서 암기합니다. (MP3) Unit 10-1

	1	2	3	4	5

1 Do you want to sell your voice?
너는 너의 목소리를 팔고 싶니?

2 Do you want to swim with the grapes?
너는 그 포도s와 함께 수영하고 싶니?

3 Do you want to pull his arm?
너는 그의 팔을 당기고 싶니?

4 Do you want to steal the running sun?
너는 the 달리는 태양을 훔치고 싶니?

5 Do you want to break the umbrella?
너는 그 우산을 부러뜨리고 싶니?

6 Do you want to go out?
너는 밖에 나가고 싶니?

7 Do you want to talk about the high hill?
너는 the 높은 언덕에 관하여 이야기하고 싶니?

8 Do you want to marry the frog?
너는 그 개구리와 결혼하고 싶니?

9 Do you want to order the fresh water?
너는 the 신선한 물을 주문하고 싶니?

10 Do you want to invent warm ice?
너는 따뜻한 얼음을 발명하고 싶니?

다음 우리말을 보고, 특허 동사구를 활용해 말해보세요.

1. 너는 너의 목소리를 팔고 싶니?

2. 너는 그 포도s와 함께 수영하고 싶니?

3. 너는 그의 팔을 당기고 싶니?

4. 너는 the 달리는 태양을 훔치고 싶니?

5. 너는 그 우산을 부러뜨리고 싶니?

6. 너는 밖에 나가고 싶니?

7. 너는 the 높은 언덕에 관하여 이야기하고 싶니?

8. 너는 그 개구리와 결혼하고 싶니?

9. 너는 the 신선한 물을 주문하고 싶니?

10. 너는 따뜻한 얼음을 발명하고 싶니?

□에 ✓표시하면서 기본 5회 이상 빠르게 말하면서 암기합니다. **MP3 Unit 10-2**

| | 1 | 2 | 3 | 4 | 5 |

11 **Do you want to** eat a sick rose?
너는 a 병든 장미를 먹고 싶니?

12 **Do you want to** drive my car?
너는 나의 차를 운전하고 싶니?

13 **Do you want to** meet the bad nurse?
너는 그 나쁜 간호사를 만나고 싶니?

14 **Do you want to** play with the short goose? 너는 그 키 작은 거위와 놀고 싶니?

15 **Do you want to** take a shower with cold water? 너는 찬물로 a 샤워를 하고 싶니?

16 **Do you want to** cross the black bridge with a black duck?
너는 a 검은 오리와 the 검은 다리를 건너가고 싶니?

17 **Do you want to** open my expensive bag? 너는 나의 비싼 가방을 열고 싶니?

18 **Do you want to** dance with her in the playground?
너는 그녀와 같이 the 운동장에서 춤추고 싶니?

19 **Do you want to** remember the story?
너는 그 이야기를 기억하고 싶니?

20 **Do you want to** ride her bike?
너는 그녀의 자전거를 타고 싶니?

11 너는 a 병든 장미를 먹고 싶니?

12 너는 나의 차를 운전하고 싶니?

13 너는 그 나쁜 간호사를 만나고 싶니?

14 너는 그 키 작은 거위와 놀고 싶니?

15 너는 찬물로 a 샤워를 하고 싶니?

16 너는 a 검은 오리와 the 검은 다리를 건너가고 싶니?

17 너는 나의 비싼 가방을 열고 싶니?

18 너는 그녀와 같이 the 운동장에서 춤추고 싶니?

19 너는 그 이야기를 기억하고 싶니?

20 너는 그녀의 자전거를 타고 싶니?

다음 우리말을 보고, 특허 동사구를 활용해 말해보세요. MP3 Unit 10-3

⭐ 21 너는 a 울고 있는 호랑이를 안아주고 **싶니?**

⭐ 22 너는 그 달팽이와 도망치고 **싶니?**

⭐ 23 너는 내일 여기에 오고 **싶니?**

⭐ 24 너는 나에게 너의 책을 빌려주고 **싶니?**

⭐ 25 너는 그 유명한 영화배우(movie star)를 만나고 **싶니?**

⭐ 26 너는 그 매력적인(attractive) 영화배우를 만나고 **싶니?**

⭐ 27 너는 그들과 the 나무 위에서 놀고 **싶니?**

⭐ 28 너는 나의 재능을 사용하고 **싶니?**

⭐ 29 너는 방과 후 축구를 하고 **싶니?**

⭐ 30 너는 the 더러운 방을 청소하고 **싶니?**

answer

21 Do you want to hug a crying tiger? 22 Do you want to run away with the snail? 23 Do you want to come here tomorrow? 24 Do you want to lend me your book? 25 Do you want to meet the famous movie star? 26 Do you want to meet the attractive movie star? 27 Do you want to play with them on the tree? 28 Do you want to use my talent? 29 Do you want to play soccer after school? 30 Do you want to clean the dirty room?

위의 문장을 다시 5회 이상 읽고, 암기한 후 시간을 기록하세요.

Korean-American	TOEIC 870	my time
25초	29초	초

Unit 11

I don't want to + 동사구.

나는 ~하고 싶지 않다.

1 I don't want to + 동사구.

① Unit 10의 'Do you want to + 동사구?'에 대한 대답으로, '나는 ~하고 싶지 않다'
의 의미를 나타내고자 할 때 사용합니다.

ex **I don't want to** fight against the mushroom. 나는 그 버섯과 싸우고 싶지 않다.

2 I don't want + 명사.

① '나는 명사를 원하지 않는다.'의 의미를 나타내고자 할 때 사용합니다.

ex **I don't want** a black rose. 나는 a 검은 장미를 원하지 않는다.

Quiz 다음 중 <u>틀린</u> 문장을 고르시오.

① I don't want to go on a picnic. ② I don't want to play the game.
③ I don't want to sell the ticket. ④ I don't want to eat that cake.
⑤ I don't want to the car.

ANSWER ⑤

□에 ✓표시하면서 기본 5회 이상 빠르게 말하면서 암기합니다. (MP3) Unit 11-1

		1	2	3	4	5

1. **I don't want to** fight against(with) the mushroom. 나는 그 버섯과 싸우고 싶지 않다. ☐ ☐ ☐ ☐ ☐

2. **I don't want to** do my best. 나는 최선을 다하고 싶지 않다. ☐ ☐ ☐ ☐ ☐

3. **I don't want to** live in the country. 나는 the 시골에서 살고 싶지 않다. ☐ ☐ ☐ ☐ ☐

4. **I don't want to** sell the earth to E.T. 나는 the 지구를 E.T에게 팔고 싶지 않다. ☐ ☐ ☐ ☐ ☐

5. **I don't want to** talk about the shark. 나는 그 상어에 관하여 이야기하고 싶지 않다. ☐ ☐ ☐ ☐ ☐

6. **I don't want to** sleep under the frog. 나는 그 개구리 밑에서 자고 싶지 않다. ☐ ☐ ☐ ☐ ☐

7. **I don't want to** ask a question. 나는 a 질문하고 싶지 않다. ☐ ☐ ☐ ☐ ☐

8. **I don't want to** marry the lizard. 나는 그 도마뱀과 결혼하고 싶지 않다. ☐ ☐ ☐ ☐ ☐

9. **I don't want to** change the promise. 나는 그 약속(promise)을 바꾸고 싶지 않다. ☐ ☐ ☐ ☐ ☐

10. **I don't want to** order the bone online. 나는 온라인으로 the 뼈를 주문하고 싶지 않다. ☐ ☐ ☐ ☐ ☐

다음 우리말을 보고, 특허 동사구를 활용해 말해보세요.

1 나는 그 버섯과 싸우고 싶지 않다.

2 나는 최선을 다하고 싶지 않다.

3 나는 the 시골에서 살고 싶지 않다.

4 나는 the 지구를 E.T에게 팔고 싶지 않다.

5 나는 그 상어에 관하여 이야기하고 싶지 않다.

6 나는 그 개구리 밑에서 자고 싶지 않다.

7 나는 a 질문하고 싶지 않다.

8 나는 그 도마뱀과 결혼하고 싶지 않다.

9 나는 그 약속을 바꾸고 싶지 않다.

10 나는 온라인으로 the 뼈를 주문하고 싶지 않다.

□에 ✓표시하면서 기본 5회 이상 빠르게 말하면서 암기합니다. **MP3 Unit 11-2**

1 2 3 4 5

11 **I don't want to** lose your gloves.
나는 너의 장갑(gloves)을 잃어버리고 싶지 않다.

12 **I don't want to** taste the black bone.
나는 그 검은 뼈를 맛보고 싶지 않다.

13 **I don't want to** remember the answer.
나는 그 답을 기억하고 싶지 않다.

14 **I don't want to** take a walk with you.
나는 너랑 산책하고 싶지 않다.

15 **I don't want to** cook onion.
나는 양파를 요리하고 싶지 않다.

16 **I don't want to** hide my secret.
나는 나의 비밀을 숨기고 싶지 않다.

17 **I don't want to** use the program.
나는 그 프로그램을 사용하고 싶지 않다.

18 **I don't want to** play with the famous eel. 나는 그 유명한 뱀장어(eel)와 놀고 싶지 않다.

19 **I don't want to** dance with the old pig to the music.
나는 그 늙은 돼지와 the 음악에 맞춰 춤추고 싶지 않다.

20 **I don't want to** meet the hero at the party. 나는 그 영웅을 the 파티에서 만나고 싶지 않다.

다음 우리말을 보고, 특허 동사구를 활용해 말해보세요.

11 나는 너의 장갑을 잃어버리고 싶지 않다.

12 나는 그 검은 뼈를 맛보고 싶지 않다.

13 나는 그 답을 기억하고 싶지 않다.

14 나는 너랑 산책하고 싶지 않다.

15 나는 양파를 요리하고 싶지 않다.

16 나는 나의 비밀을 숨기고 싶지 않다.

17 나는 그 프로그램을 사용하고 싶지 않다.

18 나는 그 유명한 뱀장어와 놀고 싶지 않다.

19 나는 그 늙은 돼지와 the 음악에 맞춰 춤추고 싶지 않다.

20 나는 그 영웅을 the 파티에서 만나고 싶지 않다.

도전! 특허 동사구 활용

다음 우리말을 보고, 특허 동사구를 활용해 말해보세요. (MP3) Unit 11-3

21 나는 죽고 싶지 않다.

22 나는 a 파리를 죽이고 싶지 않다.

23 나는 혼자 거기에 가고 싶지 않다.

24 나는 the 같은 실수를 하고 싶지 않다.

25 나는 너의 입속에서 잠자고 싶지 않다.

26 나는 많은 돈을 벌고 싶지 않다.

27 나는 너의 점심을 맛보고 싶지 않다.

28 나는 너와 the 영화를 보고 싶지 않다.

29 나는 혼자 집에 가고 싶지 않다.

30 나는 오늘 밤 집에 머물고 싶지 않다.

`answer`

21 I don't want to die. 22 I don't want to kill a fly. 23 I don't want to go there alone. 24 I don't want to make the same mistake. 25 I don't want to sleep in your mouth. 26 I don't want to make a lot of money. 27 I don't want to taste your lunch. 28 I don't want to see the movie with you. 29 I don't want to go home alone. 30 I don't want to stay at home tonight.

위의 문장을 다시 5회 이상 읽고, 암기한 후 시간을 기록하세요.

Korean-American	TOEIC 870	my time
22초	27초	초

Review Test 3 Unit 7-11 MP3 Review Test 3

다음 우리말을 영어로 말하고, 그 문장을 적어보세요.

1 너는 물을 마시니?

2 아니, 나는 물을 마시지 않아.

3 너는 물을 마시고 싶어?

4 나는 물을 마시고 싶지 않아.

5 너는 영어 공부하고 싶어?

6 너는 a 날씬한 돼지를 만들고 싶니?

7 너는 그 황소의 뿔(ox's horn)을 씻어주지 않니?

8 너는 the 야구공을 던지니?

9 나는 그 곰과 이 동굴(cave)에서 살고 싶어.

10 나는 지금 쉬고 싶어.

다음 우리말을 영어로 말하고, 그 문장을 적어보세요.

11   너는 그와 싸우고 싶니?

12   너는 나의 이름을 모르니?

13   나는 너의 고향을 모른다.

14   나는 그들과 연락을 안 해. (get in touch with)

15   너는 그 가격을 모르니?

16   너는 a 여자 친구가 없니?

17   나는 a 망치를 가지고 있지 않습니다.

18   너는 커피를 많이 마시니?

19   너는 그녀를 너의 집에 초대하고 싶니?

20   나는 a 달리고 있는 말을 만나고 싶지 않아.

answer
11   Do you want to fight against him?
12   Don't you know my name?
13   I don't know your hometown.
14   I don't get in touch with them.
15   Don't you know the price?
16   Don't you have a girl friend?
17   I don't have a hammer.
18   Do you drink a lot of coffee?
19   Do you want to invite her to your house?
20   I don't want to meet a running horse.

Did you + 동사구?
너는 ~했니?

1 Did you + 동사구?

① '너는 ~했니?'의 과거의 의미를 나타내고자 할 때 사용합니다.

　ex **Did you** cut the dog's hair? 너는 그 개털을 잘랐니?

② 일반동사를 과거시제로 질문할 때, 조동사 **Did**를 사용합니다.

　ex <u>Were</u> you go to school? (×) → <u>Did</u> you go to school? (o)

③ 조동사 **Did**가 과거의 의미를 표현하므로, 일반동사는 원형을 사용합니다.

　ex Did you <u>went</u> to school? (×) → Did you <u>go</u> to school? (o)

Quiz 다음 중 틀린 문장을 고르시오.

① Did you sleep well last night?　② Did you go home early?

③ Did you meet her dog?　④ Did you ate lunch?

⑤ Did you play tennis?

ANSWER ④

□에 ✓표시하면서 기본 5회 이상 빠르게 말하면서 암기합니다. MP3 Unit 12-1

		1	2	3	4	5

1 **Did you** cut the dog's hair?
너는 그 개털을 **잘랐니?**

2 **Did you** meet the cute friend yesterday?
너는 어제 그 귀여운 친구를 **만났니?**

3 **Did you** play with a cute gorilla on the flower?
너는 a 귀여운 고릴라와 같이 the 꽃 위에서 **놀았니?**

4 **Did you** use his cabbage?
너는 그의 양배추를 **사용했니?**

5 **Did you** throw the arrow to the dog?
너는 the 화살을 그 개에게 **던졌니?**

6 **Did you** get up late this morning?
너는 오늘 아침 늦게 **일어났니?**

7 **Did you** make a fat cucumber?
너는 a 뚱뚱한 오이를 **만들었니?**

8 **Did you** explain the problem?
너는 그 문제를 **설명했니?**

9 **Did you** remember the bull's horn?
너는 그 황소의 뿔을 **기억했니?**

10 **Did you** eat a black candle for dinner?
너는 저녁으로 a 검은 양초를 **먹었니?**

다음 우리말을 보고, 특허 동사구를 활용해 말해보세요.

1 너는 그 개털을 **잘랐니?**

2 너는 어제 그 귀여운 친구를 **만났니?**

3 너는 a 귀여운 고릴라와 같이 the 꽃 위에서 **놀았니?**

4 너는 그의 양배추를 **사용했니?**

5 너는 the 화살을 그 개에게 **던졌니?**

6 너는 오늘 아침 늦게 **일어났니?**

7 너는 a 뚱뚱한 오이를 **만들었니?**

8 너는 그 문제를 **설명했니?**

9 너는 그 황소의 뿔을 **기억했니?**

10 너는 저녁으로 a 검은 양초를 **먹었니?**

□에 ✓표시하면서 기본 5회 이상 빠르게 말하면서 암기합니다. (MP3) Unit 12-2

	1	2	3	4	5

11. Did you give a comic book to her?
너는 그녀에게 a 만화책을 **주었니**?

12. Did you show the book to a crying dog? 너는 a 울고 있는 개에게 그 책을 **보여주었니**?

13. Did you have a lot of money last year?
너는 작년에 많은 돈을 가지고 **있었니**?

14. Did you give your picture to the children?
너는 the 어린이들에게 너의 사진을 **주었니**?

15. Did you turn on the music?
너는 the 음악을 **틀었니**?

16. Did you need my nose?
너는 나의 코가 **필요했니**?

17. Did you study Korean history two years ago? 너는 2년 전에 한국역사를 **공부했니**?

18. Did you dream about a pig last night?
너는 지난밤 a 돼지에 관한 **꿈을 꾸었니**?

19. Did you kick a barking dog?
너는 a 짖고 있는 개를 **찼니**?

20. Did you order a speaker?
너는 a 스피커를 **주문했니**?

다음 우리말을 보고, 특허 동사구를 활용해 말해보세요.

11 너는 그녀에게 a 만화책을 **주었니?**

12 너는 a 울고 있는 개에게 그 책을 **보여주었니?**

13 너는 작년에 많은 돈을 **가지고 있었니?**

14 너는 the 어린이들에게 너의 사진을 **주었니?**

15 너는 the 음악을 **틀었니?**

16 너는 나의 코가 **필요했니?**

17 너는 2년 전에 한국역사를 **공부했니?**

18 너는 지난밤 a 돼지에 관한 **꿈을 꾸었니?**

19 너는 a 짖고 있는 개를 **찼니?**

20 너는 a 스피커를 **주문했니?**

다음 우리말을 보고, 특허 동사구를 활용해 말해보세요. Unit 12-3

21 너는 오늘 아침 포도주스를 **마셨니?**

22 너는 어젯밤 너의 **숙제를 했니?**

23 너는 맛있는 저녁을 그녀에게 **사주었니?**

24 너는 한 시간 전에 나에게 **전화했니?**

25 너는 나를 '깡패'라고 **불렀니?**

26 너는 지난밤 잘 **잤니?**

27 너는 그 시험에 **합격했니?**

28 너는 아침 먹은 후에 물 **마셨니?**

29 너는 아침 먹기 전에 물을 **마셨니?**

30 너는 8시에 **일어났니?**

answer

21 Did you drink grape juice this morning? 22 Did you do your homework last night? 23 Did you buy her delicious dinner? 24 Did you call me an hour ago? 25 Did you call me 'Gangster?' 26 Did you sleep well last night? 27 Did you pass the test? 28 Did you drink water after breakfast? 29 Did you drink water before breakfast? 30 Did you get up at eight o'clock?

위의 문장을 다시 5회 이상 읽고, 암기한 후 시간을 기록하세요.

Korean-American	TOEIC 870	my time
23초	27초	초

Unit 13 · I + 과거 동사구.
나는 ~했다.

1　I + 과거 동사구.

① '나는 ~했다.'의 의미를 나타내고자 할 때 사용합니다.

> ⓔⓧ **I blew the frog's hair.** 나는 그 개구리의 털을 불었다.

② 규칙 변화는 일반동사에 **ed**를 사용합니다.

> ⓔⓧ **I kicked the ball.** 나는 그 공을 찼다.

③ 불규칙 변화는 따로 구분하여 외워야 합니다.

> ⓔⓧ **blow**(불다) – **blew** (불었다)
> **go**(가다) – **went**(갔다)
> **do**(하다) – **did**(했다)
> **eat**(먹다) – **ate**(먹었다)
> **read**(읽다) – **read**(읽었다)
> **lose**(잃다) – **lost**(잃었다)

Quiz　다음 중 **틀린** 문장을 고르시오.

① I worked all day long.　　② I studied Music.

③ I lose my ring an hour ago.　　④ I did my homework.

⑤ I read the book.

□에 ✓표시하면서 기본 5회 이상 빠르게 말하면서 암기합니다. (MP3) Unit 13-1

	1	2	3	4	5

1. I blew the frog's hair.
나는 그 개구리의 털을 **불었다**.

2. I played with a cute gorilla.
나는 a 귀여운 고릴라와 같이 **놀았다**.

3. I ate your delicious lunch.
나는 너의 맛있는 점심을 **먹었다**.

4. I met the tall pig last Monday.
나는 그 키 큰 돼지를 지난 월요일에 **만났다**.

5. I made a good cucumber.
나는 a 좋은 오이를 **만들었다**.

6. I got up late this morning.
나는 오늘 아침 일찍 **일어났다**.

7. I threw the ice to the bear.
나는 the 얼음을 the 곰에게 **던졌다**.

8. I explained the English question.
나는 그 영어문제를 **설명했다**.

9. I cut the rabbit's horn.
나는 그 토끼의 뿔을 **잘랐다**.

10. I tasted the salt.
나는 the 소금을 **맛보았다**.

다음 우리말을 보고, 특허 동사구를 활용해 말해보세요.

1 나는 그 개구리의 털을 **뽑었다.**

2 나는 a 귀여운 고릴라와 같이 **놀았다.**

3 나는 너의 맛있는 점심을 **먹었다.**

4 나는 그 키 큰 돼지를 지난 월요일에 **만났다.**

5 나는 a 좋은 오이를 **만들었다.**

6 나는 오늘 아침 일찍 **일어났다.**

7 나는 the 얼음을 the 곰에게 **던졌다.**

8 나는 그 영어문제를 **설명했다.**

9 나는 그 토끼의 뿔을 **잘랐다.**

10 나는 the 소금을 **맛보았다.**

□에 ✓표시하면서 기본 5회 이상 빠르게 말하면서 암기합니다. **(MP3) Unit 13-2**

	1	2	3	4	5

11 **I drank** the wine.
나는 그 와인을 **마셨다.**

12 **I scolded** the stupid lions.
나는 그 무식한(stupid) 사자s을 **꾸짖었다.**

13 **I knew** the secret.
나는 그 비밀을 **알았다.**

14 **I looked at** you.
나는 너를 **바라보았다.**

15 **I gave** a yellow soap to her.
나는 그녀에게 a 노란색 비누를 **주었다.**

16 **I dropped** the bottle.
나는 그 병(bottle)을 **떨어뜨렸다.**

17 **I needed** the colored paper.
나는 the 색종이가 **필요했다.**

18 **I kicked** a cute devil.
나는 a 귀여운 악마를 **찼다.**

19 **I ordered** a white shadow.
나는 a 하얀 그림자(shadow)를 **주문했다.**

20 **I had** a lot of gold.
나는 많은 금을 **가지고 있었다.**

다음 우리말을 보고, 특허 동사구를 활용해 말해보세요.

11 나는 그 와인을 **마셨다.**

12 나는 그 무식한 사자s을 **꾸짖었다.**

13 나는 그 비밀을 **알았다.**

14 나는 너를 **바라보았다.**

15 나는 그녀에게 a 노란색 비누를 **주었다.**

16 나는 그 병을 **떨어뜨렸다.**

17 나는 the 색종이가 **필요했다.**

18 나는 a 귀여운 악마를 **찼다.**

19 나는 a 하얀 그림자를 **주문했다.**

20 나는 많은 금을 가지고 **있었다.**

다음 우리말을 보고, 특허 동사구를 활용해 말해보세요. MP3 Unit 13-3

⭐**21** 나는 어제 a 좋은 시간을 **가졌다.**

⭐**22** 나는 이틀 전에 나의 집을 **처분했다.** (got rid of)

⭐**23** 나는 3일 전에 그 차를 **샀다.**

⭐**24** 나는 4일 전에 거기에서 그 왕을 **만났다.**

⭐**25** 나는 5년 전에 거기에서 **살았다.**

⭐**26** 나는 1년 전에 너에게 영어를 **가르쳤다.**

⭐**27** 나는 작년에 그들에게 과학을 **가르쳤다.**

⭐**28** 나는 2년 전 그녀와 **결혼했다.**

⭐**29** 나는 어제 너를 **기다렸다.**

⭐**30** 나는 3년 전에 서울에서 **살았다.**

answer

21 I had a good time yesterday.　22 I got rid of my house two days ago.　23 I bought the car three days ago.　24 I met the king there four days ago.　25 I lived there five years ago. 26 I taught you English (/English to you) one year ago.　27 I taught them science last year. 28 I married her two years ago.　29 I waited for you yesterday.　30 I lived in Seoul three years ago.

위의 문장을 다시 5회 이상 읽고, 암기한 후 시간을 기록하세요.

Korean-American	TOEIC 870	my time
29초	33초	초

Unit 14

I didn't + 동사구.
나는 ~하지 않았다.

1   I didn't + 동사구.

① '나는 ~하지 않았다'의 의미를 나타내고자 할 때 사용합니다.

　ex **I didn't** make a fat cucumber. 나는 a 뚱뚱한 오이를 만들지 않았다.

② **didn't**는 **did not**의 줄임말입니다.

③ 조동사 **did**가 과거의 의미를 표현하기 때문에, 일반동사는 원형을 사용합니다.

　ex **I didn't** made a fat cucumber. (X)

Quiz 　다음 중 틀린 문장을 고르시오.

① I didn't kicked her.

② I didn't get a call from you yesterday.

③ I didn't see the moon last night.

④ I didn't go to the dentist.

⑤ I didn't throw a party.

ANSWER ①

□에 ✓표시하면서 기본 5회 이상 빠르게 말하면서 암기합니다. **MP3 Unit 14-1**

	1	2	3	4	5

1 ⭐ **I didn't** make a fat cucumber.
나는 a 뚱뚱한 오이를 만들지 **않았다.**

2 ⭐ **I didn't** meet her last Monday.
나는 그녀를 지난 월요일에 만나지 **않았다.**

3 ⭐ **I didn't** play with a cute gorilla.
나는 a 귀여운 고릴라와 같이 놀지 **않았다.**

4 ⭐ **I didn't** throw the moon to the sun.
나는 the 달을 the 태양에게 던지지 **않았다.**

5 ⭐ **I didn't** explain the English question.
나는 그 영어 문제를 설명하지 **않았다.**

6 ⭐ **I didn't** cut the frog's fingernails.
나는 그 개구리의 손톱s을 자르지 **않았다.**

7 ⭐ **I didn't** taste the sugar.
나는 the 설탕을 맛보지 **않았다.**

8 ⭐ **I didn't** cut the tiger's horn.
나는 그 호랑이의 뿔을 자르지 **않았다.**

9 ⭐ **I didn't** get up late this morning.
나는 오늘 아침 늦게 일어나지 **않았다.**

10 ⭐ **I didn't** eat your peanuts.
나는 너의 땅콩s을 먹지 **않았다.**

다음 우리말을 보고, 특허 동사구를 활용해 말해보세요.

1. 나는 a 뚱뚱한 오이를 만들지 **않았다.**

2. 나는 그녀를 지난 월요일에 만나지 **않았다.**

3. 나는 a 귀여운 고릴라와 같이 놀지 **않았다.**

4. 나는 the 달을 the 태양에게 던지지 **않았다.**

5. 나는 그 영어 문제를 설명하지 **않았다.**

6. 나는 그 개구리의 손톱s을 자르지 **않았다.**

7. 나는 the 설탕을 맛보지 **않았다.**

8. 나는 그 호랑이의 뿔을 자르지 **않았다.**

9. 나는 오늘 아침 늦게 일어나지 **않았다.**

10. 나는 너의 땅콩s을 먹지 **않았다.**

□에 ✓표시하면서 기본 5회 이상 빠르게 말하면서 암기합니다. (MP3) Unit 14-2

	1	2	3	4	5

11 **I didn't** have three houses.
나는 3채의 집s을 가지고 있지 **않았다.**

12 **I didn't** drink the rotten water.
나는 the 썩은 물을 마시지 **않았다.**

13 **I didn't** need the colored paper.
나는 the 색종이(colored paper)가 필요하지 **았았다.**

14 **I didn't** drop the king's knife.
나는 the 왕의 칼을 떨어뜨리지 **않았다.**

15 **I didn't** live there three years ago.
나는 3년 전 거기에 살지 **않았다.**

16 **I didn't** scold a poor fly.
나는 a 불쌍한 파리를 꾸짖지 **않았다.**

17 **I didn't** change my brown house.
나는 나의 갈색 집을 바꾸지 **않았다.**

18 **I didn't** sell a salty candy.
나는 a 짠(salty) 사탕을 팔지 **않았다.**

19 **I didn't** teach them the bad habit.
나는 그들에게 the 나쁜 버릇을 가르치지 **않았다.**

20 **I didn't** wait for you under the moon.
나는 너를 the 달 아래에서 기다리지 **않았다.**

11 나는 3채의 집s을 가지고 있지 **않았다.**

12 나는 the 썩은 물을 마시지 **않았다.**

13 나는 the 색종이가 필요하지 **않았다.**

14 나는 the 왕의 칼을 떨어뜨리지 **않았다.**

15 나는 3년 전 거기에 살지 **않았다.**

16 나는 a 불쌍한 파리를 꾸짖지 **않았다.**

17 나는 나의 갈색 집을 바꾸지 **않았다.**

18 나는 a 짠 사탕을 팔지 **않았다.**

19 나는 그들에게 the 나쁜 버릇을 가르치지 **않았다.**

20 나는 너를 the 달 아래에서 기다리지 **않았다.**

도전! 특허 동사구 활용

다음 우리말을 보고, 특허 동사구를 활용해 말해보세요. (MP3) Unit 14-3

21 나는 the 시험에 대한 꿈을 꾸지 **않았다.**

22 나는 오늘 직장에 가지 **않았다.**

23 나는 너에게 전화를 하지 **않았다.**

24 나는 8시에 the 회의를 시작하지 **않았다.**

25 나는 9시에 나의 집을 나서지 **않았다.**

26 나는 너의 돈을 훔치지 **않았다.**

27 나는 너의 차를 만지지 **않았다.**

28 나는 작년에 기분이 좋지 **않았다.**

29 나는 어제 슬프지 **않았다.**

30 나는 지난 주말에 행복하지 **않았다.**

answer

21 I didn't dream about the test. 22 I didn't go to work today. 23 I didn't call you. 24 I didn't start the meeting at eight o'clock. 25 I didn't leave my house at nine o'clock. 26 I didn't steal your money. 27 I didn't touch your car. 28 I didn't feel good last year. 29 I didn't feel sad yesterday. 30 I didn't feel happy last weekend.

위의 문장을 다시 5회 이상 읽고, 암기한 후 시간을 기록하세요.

Korean-American	TOEIC 870	my time
20초	25초	초

Review Test 4 Unit 12-14   MP3 Review Test 4

다음 우리말을 영어로 말하고, 그 문장을 적어보세요.

1 너는 물을 마셨니?

____

2 나는 물을 마셨다.

____

3 나는 물을 마시지 않았다.

____

4 너는 영어를 공부했니?

____

5 아니, 나는 영어를 공부하지 않았다.

____

6 응, 나는 영어공부를 했다.

____

7 너는 고등학교를 3년 전에 졸업했니? (〜를 졸업하다 - graduate from)

____

8 나는 그곳에 그들과 함께 가지 않았다.

____

9 너는 올해 대학을 졸업했니?

____

10 너는 그 프로그램을 설명했니?

____

---

answer

1 Did you drink water?   2 I drank water.
3 I didn't drink water.   4 Did you study English?
5 No, I didn't study English.   6 Yes, I studied English.
7 Did you graduate from high school three years ago?   8 I didn't go there with them.
9 Did you graduate from university this year?   10 Did you explain the program?

11 나는 어젯밤 나의 사무실까지 운전했다. (운전했다 - drove)

____

12 나는 그에게 어제 전화하지 않았다.

____

13 너는 나에게 a 돌을 던졌니?

____

14 그래, 나는 너에게 두 개의 돌s을 던졌다.

____

15 나는 어제 나의 숙제를 하지 않았다.

____

16 나는 너에게 an 영어편지를 썼다.

____

17 나는 이 편지를 쓰지 않았다.

____

18 너는 너의 버릇을 바꾸었니?

____

19 나는 한 시간 전에 많은 물을 마셨다.

____

20 너는 그 열쇠를 잃어버렸니?

____

answer

11 I drove to my office last night.
12 I didn't call him yesterday.
13 Did you throw a stone to me?
14 Yes, I threw two stones to you.
15 I didn't do my homework yesterday.
16 I wrote an English letter to you.
17 I didn't write this letter.
18 Did you change your habit?
19 I drank a lot of water an hour ago.
20 Did you lose the key?

ACTUAL Test 2 Unit 7-14   Actual Test 2

다음 우리말을 영어로 말하고, 그 문장을 적어보세요.

1 너는 여기 주변에서 사니?

2 너는 그녀의 이름을 알지 못하니?

3 나는 어제 아무것도 하지 않았다.

4 너는 the 구름 위에서 살고 싶니?

5 너는 11시에 아침을 먹니?

6 나는 여기에서 내리고 싶지 않다.

7 너는 학교에 지하철을 타고 가니?

8 너는 지난밤에 잘 잤니?

9 나는 저 소녀와 함께 춤을 추고 싶지 않다.

10 너는 너의 할아버지를 매년 방문하니?

11   너는 그녀의 직업에 대해서 잘 아니?

12   나는 the 노래를 매일 듣지 않는다.

13   나는 the 문제에 대해서 너에게 전화하고 싶지 않다.

14   나는 the 창문을 열었다.

15   나는 그렇게 생각하지 않아.

16   너는 the 달에 지하철을 타고 가니?

17   나는 지난밤에 잘 잤다.

18   나는 어제 너에게 전화하지 않았다.

19   나는 너의 왼쪽 신발을 거기에서 보았다.

20   너는 그의 분홍색 코를 기억하니?

Chapter 3

조동사 활용 동사구

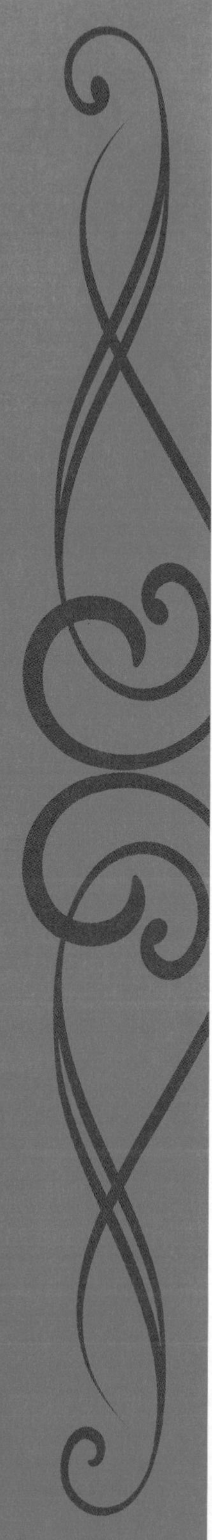

Can you + 동사구?
너는 ~할 수 있니?

특허받은 30 동사구

1   Can you + 동사구?

① 긍정의문문: Can you + 동사구?

→ '너는 ~할 수 있니?'의 의미를 나타내고자 할 때 사용합니다.

ex **Can you** forgive the milk cow? 너는 그 젖소를 용서할 수 있니?

② 부정의문문: Can't you + 동사구?

→ '너는 ~할 수 없니?'의 의미를 나타내고자 할 때 사용합니다.

ex **Can't you** forgive the milk cow? 너는 그 젖소를 용서할 수 없니?

③ 긍정의문문과 부정의문문에 상관없이 본인의 의사가 긍정이면 'Yes', 부정이면 'No'
라고 대답합니다.

ex **Yes**, I can. 응.

No, I can**not**(can't). 아니.

Quiz   다음 중 **틀린** 문장을 고르시오.

① Can you help him? ② Can't you gets up early?

③ Can you live without me? ④ Can't you drive the car?

⑤ Can you cook spaghetti?

ANSWER ②

□에 ✓표시하면서 기본 5회 이상 빠르게 말하면서 암기합니다. (MP3) Unit 15-1

	1	2	3	4	5

1 **Can you** forgive the milk cow?
너는 그 젖소를 **용서할** 수 있니?

2 **Can you** swim with the sand?
너는 the 모래와 함께 **수영할** 수 있니?

3 **Can you** throw away the rope?
너는 그 밧줄을 **버릴** 수 있니?

4 **Can you** love a good dish?
너는 a 좋은 접시를 **사랑할** 수 있니?

5 **Can you** help the aunt this Monday?
너는 이번 월요일에 the 숙모를 **도와줄** 수 있니?

6 **Can you** dream about the problem?
너는 the 문제에 관한 **꿈을 꿀** 수 있니?

7 **Can you** talk about the song?
너는 the 노래에 대하여 **이야기할** 수 있니?

8 **Can you** deliver a comic book to them at nine?
너는 그들에게 9시에 a 만화책을 **배달할** 수 있니?

9 **Can you** order the roses?
너는 the 장미s를 **주문할** 수 있니?

10 **Can you** steal a white fly?
너는 a 하얀색 파리를 **훔칠** 수 있니?

다음 우리말을 보고, 특허 동사구를 활용해 말해보세요.

1 너는 그 젖소를 **용서할 수 있니?**

2 너는 the 모래와 함께 **수영할 수 있니?**

3 너는 그 밧줄을 **버릴 수 있니?**

4 너는 a 좋은 접시를 **사랑할 수 있니?**

5 너는 이번 월요일에 the 숙모를 **도와줄 수 있니?**

6 너는 the 문제에 관한 **꿈을 꿀 수 있니?**

7 너는 the 노래에 대하여 **이야기할 수 있니?**

8 너는 그들에게 9시에 a 만화책을 **배달할 수 있니?**

9 너는 the 장미s를 **주문할 수 있니?**

10 너는 a 하얀색 파리를 **훔칠 수 있니?**

특허 동사구 활용

	1	2	3	4	5

11 **Can't you** save a sick puppy?
너는 a 병든 강아지를 **구조할 수 없니?**

12 **Can't you** come here at eight?
너는 8시에 여기 올 수 없니?

13 **Can't you** punish the bad doctor?
너는 그 나쁜 의사를 **벌 줄 수 없니?**

14 **Can't you** play with the short duck?
너는 그 키 작은 오리와 놀 수 없니?

15 **Can't you** make a clean garden?
너는 a 깨끗한 정원을 **만들 수 없니?**

16 **Can't you** go to the hospital with a sick doctor? 너는 a 병든 의사와 the 병원에 갈 수 없니?

17 **Can't you** open my book?
너는 나의 책을 **펼 수 없니?**

18 **Can't you** dance with the big spider on the tree?
너는 그 큰 거미와 the 나무 위에서 **춤출 수 없니?**

19 **Can't you** remember her black nose?
너는 그녀의 검은 코를 **기억할 수 없니?**

20 **Can't you** use her necklace?
너는 그녀의 목걸이를 **사용할 수 없니?**

다음 우리말을 보고, 특허 동사구를 활용해 말해보세요.

11 너는 a 병든 강아지를 **구조할 수 없니?**

12 너는 8시에 여기 **올 수 없니?**

13 너는 그 나쁜 의사를 **벌 줄 수 없니?**

14 너는 그 키 작은 오리와 **놀 수 없니?**

15 너는 a 깨끗한 정원을 **만들 수 없니?**

16 너는 a 병든 의사와 the 병원에 **갈 수 없니?**

17 너는 나의 책을 **펼 수 없니?**

18 너는 그 큰 거미와 the 나무 위에서 **춤출 수 없니?**

19 너는 그녀의 검은 코를 **기억할 수 없니?**

20 너는 그녀의 목걸이를 **사용할 수 없니?**

다음 우리말을 보고, 특허 동사구를 활용해 말해보세요. MP3 Unit 15-3

21 너는 일찍 일어날 수 없니?

22 너는 이 의자를 **들어올릴(lift up) 수 없니?**

23 너는 내일 나를 **만날 수 없니?**

24 너는 오늘 나를 **도와줄 수 있니?**

25 너는 한국어를 **말할 수 있니?**

26 너는 나에게 영어를 **가르쳐 줄 수 있니?**

27 너는 그녀와 **결혼할 수 없니?**

28 너는 한국에서 a 차를 **운전할 수 없니?**

29 너는 a 한국 노래 **부를 수 있니?**

30 너는 조용히 **할 수 없니?**

answer

21 Can't you get up early?   22 Can't you lift up this chair?   23 Can't you meet me tomorrow?
24 Can you help me today?   25 Can you speak Korean?   26 Can you teach me English?
(/teach English to me?)   27 Can't you marry her?   28 Can't you drive a car in Korea?   29 Can
you sing a Korean song?   30 Can't you be quiet?

위의 문장을 다시 5회 이상 읽고, 암기한 후 시간을 기록하세요.

Korean-American	TOEIC 870	my time
19초	23초	초

Unit 16

I can + 동사구.
나는 ~할 수 있다.

1 can의 기능

① **가능:** ~할 수 있다

 ⓔⓧ **I can** dream about a pig. 나는 a 돼지에 관한 꿈을 꿀 수 있다.

② **허가:** ~해도 좋다

 ⓔⓧ You can play here. 너는 여기서 놀아도 좋다.

③ **추측:** ~일 수 있다

 ⓔⓧ It can be a dog. 그것은 a 개일 수도 있다.

2 can의 부정

부정의 의미를 나타낼 때는 can 다음에 not을 사용합니다. cannot의 줄임말은 can't 입니다.

 ⓔⓧ I can't dream about a pig. 나는 a 돼지에 관한 꿈을 꿀 수 없다.

Quiz 다음 중 <u>틀린</u> 문장을 고르시오.

① It can't be true! ② You can go home now.

③ I can't doing this! ④ I can order a hamburger.

⑤ I can play soccer with my son.

ANSWER ③

□에 ✓표시하면서 기본 5회 이상 빠르게 말하면서 암기합니다. **MP3 Unit 16-1**

	1	2	3	4	5

1 **I can** dream about a pig.
나는 a 돼지에 관한 꿈을 **꿀 수 있다.**

2 **I can** work with the dirty rabbit in your house.
나는 그 더러운 토끼와 너의 집에서 **일할 수 있다.**

3 **I can** go shopping this evening.
나는 오늘 저녁에 쇼핑하러 **갈 수 있다.**

4 **I can** find the cave.
나는 그 동굴을 **찾을 수 있다.**

5 **I can** start the meeting at eight.
나는 8시에 the 회의를 **시작할 수 있다.**

6 **I can** leave an attractive pig.
나는 an 매력적인 돼지를 **떠날 수 있다.**

7 **I can** order the roses.
나는 the 장미s를 **주문할 수 있다.**

8 **I can** cut the broken robot's nose.
나는 그 고장 난 로봇의 코를 **자를 수 있다.**

9 **I can** touch the milk cow.
나는 그 젖소를 **만질 수 있다.**

10 **I can** sit with you.
나는 너와 같이 **앉을 수 있다.**

다음 우리말을 보고, 특허 동사구를 활용해 말해보세요.

1 나는 a 돼지에 관한 꿈을 **꿀 수 있다.**

2 나는 그 더러운 토끼와 너의 집에서 **일할 수 있다.**

3 나는 오늘 저녁에 쇼핑하러 **갈 수 있다.**

4 나는 그 동굴을 **찾을 수 있다.**

5 나는 8시에 the 회의를 **시작할 수 있다.**

6 나는 an 매력적인 돼지를 **떠날 수 있다.**

7 나는 the 장미s를 **주문할 수 있다.**

8 나는 그 고장 난 로봇의 코를 **자를 수가 있다.**

9 나는 그 젖소를 **만질 수 있다.**

10 나는 너와 같이 **앉을 수 있다.**

□에 ✓표시하면서 기본 5회 이상 빠르게 말하면서 암기합니다. MP3 Unit 16-2

	1	2	3	4	5

11 **I can't** hit a crying bear.
나는 a 울고 있는 곰을 **때릴 수 없다.**

12 **I can't** run away with the big spider.
나는 그 큰 거미와 **도망칠 수 없다.**

13 **I can't** come here at eight tomorrow.
나는 내일 8시에 여기에 **올 수 없다.**

14 **I can't** lend my book.
나는 나의 책을 **빌려줄 수 없다.**

15 **I can't** meet the famous doctor.
나는 그 유명한 의사를 **만날 수 없다.**

16 **I can't** remember her attractive voice.
나는 그녀의 매력적인 목소리를 **기억할 수 없다.**

17 **I can't** play with a busy thief.
나는 a 바쁜 도둑과 **놀 수 없다.**

18 **I can't** use a smart pig's brain.
나는 a 똑똑한 돼지의 두뇌를 **사용할 수 없다.**

19 **I can't** cross the river with a baby.
나는 a 아기와 the 강을 **건널 수 없다.**

20 **I can't** make clean food here.
나는 깨끗한 음식을 여기서 **만들 수 없다.**

다음 우리말을 보고, 특허 동사구를 활용해 말해보세요.

11 나는 a 울고 있는 곰을 **때릴 수 없다.**

12 나는 그 큰 거미와 **도망칠 수 없다.**

13 나는 내일 8시에 여기에 **올 수 없다.**

14 나는 나의 책을 **빌려줄 수 없다.**

15 나는 그 유명한 의사를 **만날 수 없다.**

16 나는 그녀의 매력적인 목소리를 **기억할 수 없다.**

17 나는 a 바쁜 도둑과 **놀 수 없다.**

18 나는 a 똑똑한 돼지의 두뇌를 **사용할 수 없다.**

19 나는 a 아기와 the 강을 **건널 수 없다.**

20 나는 깨끗한 음식을 여기서 **만들 수 없다.**

다음 우리말을 보고, 특허 동사구를 활용해 말해보세요. (MP3) Unit 16-3

⭐21 나는 너랑 같이 살 **수 없다.**

⭐22 나는 돈 없이 살 **수 있다.**

⭐23 나는 걸어서 학교에 갈 **수 있다.**

⭐24 나는 너를 이길 **수 있다.** (이기다 - beat)

⭐25 나는 그 고장 난 자전거를 수리할 **수 있다.**

⭐26 나는 너를 대접할 **수 있다.** (대접하다 - treat)

⭐27 나는 너를 a 왕처럼 대접해 줄 **수 있다.** (왕처럼 - like a king)

⭐28 나는 그녀를 a 왕비처럼 대접해 줄 **수 없다.**

⭐29 나는 너처럼 춤을 출 **수 있다.**

⭐30 나는 a 새처럼 날 **수 없다.**

answer

21 I can't live with you.   22 I can live without money.   23 I can walk to school.   24 I can beat you.   25 I can fix the broken bike.   26 I can treat you.   27 I can treat you like a king.   28 I can't treat her like a queen.   29 I can dance like you.   30 I can't fly like a bird.

위의 문장을 다시 5회 이상 읽고, 암기한 후 시간을 기록하세요.

Korean-American	TOEIC 870	my time
19초	23초	초

Review Test 5   Unit 15-16   MP3 Review Test 5

다음 우리말을 영어로 말하고, 그 문장을 적어보세요.

1   너는 매일 많은 모래를 주문할 수 없니?

____

2   응, 나는 많은 모래를 내일 주문할 수 있다.

____

3   아니, 나는 내일 많은 모래를 주문할 수 없다.

____

4   너는 an 코끼리의 다리를 안을 수 있니?

____

5   그래, 나는 an 코끼리의 다리를 안을 수 있어.

____

6   아니, 나는 an 코끼리의 다리를 안을 수 없어.

____

7   너는 an 문어를 먹을 수 없니?

____

8   그래, 나는 an 문어를 먹을 수 있어.

____

9   아니, 나는 an 문어를 먹을 수 없어.

____

10   너는 the 포크 위에서 춤출 수 있니?

____

1 Can't you order a lot of sand tomorrow?   2 Yes, I can order a lot of sand tomorrow.
3 No, I can't order a lot of sand tomorrow.   4 Can you hug an elephant's leg?
5 Yes, I can hug an elephant's leg.   6 No, I can't hug an elephant's leg.
7 Can't you eat an octopus?   8 Yes, I can eat an octopus.
9 No, I can't eat an octopus.   10 Can you dance on the fork?

 특허받은 30 동사구

다음 우리말을 영어로 말하고, 그 문장을 적어보세요.

11 너는 나의 자전거를 타고 그녀의 집에 갈 수 있니?

____

12 너는 신선한 물을 만들 수 없니?

____

13 응, 나는 신선한 물을 만들 수 있어.

____

14 아니, 나는 신선한 물을 만들 수 없어.

____

15 너는 the 깡패와 놀 수 없니?

____

16 응, 나는 the 깡패와 놀 수 있어.

____

17 아니, 나는 the 깡패와 놀 수 없어.

____

18 너는 그 교장선생님을 만날 수 없니?

____

19 응, 나는 그 교장선생님을 만날 수 있어.

____

20 아니, 나는 그 교장선생님을 만날 수 없어.

____

Unit 17

Will you + 동사구?
너는 ~할 거니?

1 Will you + 동사구?

① '너는 ~할 거니?'의 의미를 나타내고자 할 때 사용합니다.

② 조동사 will이 미래의 의미를 나타내므로, Will you 다음에는 동사의 원형을 사용합니다.

> ⓔⓧ **Will you** smell the strawberry? 너는 그 딸기 냄새를 맡을 거니?

2 "be going to + 동사구" *vs.* "will + 동사구"

'be going to'는 미래에 할 일에 대해 확실한 것(할 의지가 강한)인 반면에, will은 그냥 일상적으로 미래에 무엇을 할지 가볍게 말할 때 사용합니다.

Quiz 다음 중 틀린 문장을 고르시오.

① Will you kick the ball to me?　② Will you meet her on Monday?

③ Will you gave me some money?　④ Will you wash the car?

⑤ Will you clean your room?

ANSWER ③

□에 ✓표시하면서 기본 5회 이상 빠르게 말하면서 암기합니다. **MP3 Unit 17-1**

	1	2	3	4	5

1 Will you smell the strawberry?
너는 그 딸기 냄새를 맡을 거니?

2 Will you do anything for me?
너는 나를 위해서 뭐든지 할 거니?

3 Will you take a rest after the driving test? 너는 the 운전 시험을 보고 a 휴식을 할 거니?

4 Will you take a picture of me?
너는 나를 a 사진 찍을 거니?

5 Will you read a Japanese book with her? 너는 그녀와 a 일본어 책을 읽을 거니?

6 Will you draw your neck in my notebook? 너는 너의 목을 나의 노트에 그릴 거니?

7 Will you quit smoking next year?
너는 내년에 담배를 끊을 거니?

8 Will you live here forever?
너는 여기에서 평생 살 거니?

9 Will you learn Japanese from him?
너는 그에게 일본어를 배울 거니?

10 Will you collect the spoons?
너는 the 숟가락s 수집할 거니?

다음 우리말을 보고, 특허 동사구를 활용해 말해보세요.

1. 너는 그 딸기 냄새를 **맡을 거니**?

2. **너는** 나를 위해서 뭐든지 **할 거니**?

3. **너는** the 운전 시험을 보고 a 휴식을 **할 거니**?

4. **너는** 나를 a 사진 **찍을 거니**?

5. **너는** 그녀와 a 일본어 책을 **읽을 거니**?

6. **너는** 너의 목을 나의 노트에 **그릴 거니**?

7. **너는** 내년에 담배를 **끊을 거니**?

8. **너는** 여기에서 평생 **살 거니**?

9. **너는** 그에게 일본어를 **배울 거니**?

10. **너는** the 숟가락s **수집할 거니**?

□에 ✓표시하면서 기본 5회 이상 빠르게 말하면서 암기합니다. MP3 Unit 17-2

1 2 3 4 5

11 **Will you** show him your kindness?
너는 그에게 너의 친절함을 **보여줄** 거니?

12 **Will you** keep the promise forever?
너는 영원히 the 약속(promise)을 **지킬** 거니?

13 **Will you** sing like the crow beautifully?
너는 그 까마귀처럼 아름답게 **노래할** 거니?

14 **Will you** fly like the birds?
너는 the 새들처럼 **날** 거니?

15 **Will you** wear socks this summer?
너는 이번 여름에는 양말s을 **신을** 거니?

16 **Will you** buy the car?
너는 그 차를 **살** 거니?

17 **Will you** go there without money?
너는 돈 없이 거기에 **갈** 거니?

18 **Will you** lose her toes?
너는 그녀의 발가락s을 **잃어버릴** 거니?

19 **Will you** break the promise?
너는 the 약속(promise)을 **어길** 거니?

20 **Will you** come back here tomorrow?
너는 내일 여기에 **돌아올** 거니?

다음 우리말을 보고, 특허 동사구를 활용해 말해보세요.

11 너는 그에게 너의 친절함을 **보여줄 거니?**

12 너는 영원히 the 약속을 **지킬 거니?**

13 너는 그 까마귀처럼 아름답게 **노래할 거니?**

14 너는 the 새들처럼 **날 거니?**

15 너는 이번 여름에는 양말s을 **신을 거니?**

16 너는 그 차를 **살 거니?**

17 너는 돈 없이 거기에 **갈 거니?**

18 너는 그녀의 발가락s을 **잃어버릴 거니?**

19 너는 the 약속을 **어길 거니?**

20 너는 내일 여기에 **돌아올 거니?**

다음 우리말을 보고, 특허 동사구를 활용해 말해보세요. (MP3) Unit 17-3

21 너는 an 못생긴 곰 인형을 **만들 거니?**

22 너는 the 철자를 **확인할 거니?**

23 너는 나와 여기에 **머무를 거니?**

24 너는 그녀 옆에 **앉을 거니?**

25 너는 그에게 너의 집을 **팔 거니?**

26 너는 내 옆에 **설 거니?**

27 너는 나의 얼굴 a 사진을 **찍어 줄 거니?**

28 너는 그에게 a 문자메시지를 **보낼 거니?**

29 너는 오늘 신문을 **읽을 거니?**

30 너는 오늘 밤 나를 **기다릴 거니?**

answer

21 Will you make an ugly bear?　22 Will you check the spelling?　23 Will you stay here with me?　24 Will you sit next to her?　25 Will you sell your house to him?　26 Will you stand next to me?　27 Will you take a picture of my face?　28 Will you send him a text message?　29 Will you read today's newspaper?　30 Will you wait for me tonight?

위의 문장을 다시 5회 이상 읽고, 암기한 후 시간을 기록하세요.

Korean-American	TOEIC 870	my time
22초	27초	초

Unit 18

I will + 동사구.
나는 ~할 것이다.

1 I will + 동사구.

① '나는 ~할 것이다'의 의미를 나타내고자 할 때 사용합니다.

② 조동사 will이 미래의 의미를 나타내므로, 주어 + will 다음에는 동사의 원형을 사용합니다.

> ex **I will** <u>sing</u> a strange song without you. 나는 너 없이 a 이상한 노래를 부를 것이다.

③ 부정의 의미를 나타낼 때는 will 다음에 not을 사용합니다. will not의 줄임말은 won't 입니다.

> ex **I won't** sing a strange song without you.
> 나는 너 없이 a 이상한 노래를 부르지 않을 것이다.

Quiz 다음 중 틀린 문장을 고르시오.

① I will be a teacher.
② I will save some money.
③ I will call her soon.
④ I will do not my homework.
⑤ I will wash the dishes.

ANSWER ④

□에 ✓표시하면서 기본 5회 이상 빠르게 말하면서 암기합니다. (MP3) Unit 18-1

	1	2	3	4	5

1 **I will** sing a strange song without you.
나는 너 없이 a 이상한 노래를 **부를 것이다.**

2 **He will** watch the movie.
그는 그 영화를 **볼 것이다.**

3 **The wind will** make you feel cool.
the 바람은 너를 시원하게 **해줄 것이다.**

4 **She will** meet many patients.
그녀는 많은 환자들(patients)을 **만날 것이다.**

5 **We will** prove it in front of a judge.
우리는 a 판사 앞에서 그것을 **증명할 것이다.**

6 **He will** sell his museum to a crow.
그는 그의 박물관을 a 까마귀에게 **팔 것이다.**

7 **The scientist will** enter the room.
그 과학자는 그 방에 **들어갈 것이다.**

8 **He will** stay on the rock with the black people. 그는 그 흑인들과 the 바위 위에 **머무를 것이다.**

9 **He will** cover my eyes with the newspaper. 그는 나의 눈s을 the 신문으로 **가릴 것이다.**

10 **The lion will** give freedom to the white people.
그 사자는 그 백인들에게 자유(freedom)를 **줄 것이다.**

다음 우리말을 보고, 특허 동사구를 활용해 말해보세요.

1 나는 너 없이 a 이상한 노래를 **부를 것이다.**

2 그는 그 영화를 **볼 것이다.**

3 the 바람은 너를 시원하게 **해줄 것이다.**

4 그녀는 많은 환자들을 **만날 것이다.**

5 우리는 a 판사 앞에서 그것을 **증명할 것이다.**

6 그는 그의 박물관을 a 까마귀에게 **팔 것이다.**

7 그 과학자는 그 방에 **들어갈 것이다.**

8 그는 그 흑인들과 the 바위 위에 **머무를 것이다.**

9 그는 나의 눈s을 the 신문으로 **가릴 것이다.**

10 그 사자는 그 백인들에게 자유를 **줄 것이다.**

□에 ✓표시하면서 기본 5회 이상 빠르게 말하면서 암기합니다. (MP3) Unit 18-2

	1	2	3	4	5

11 **The tank will not** invite the soldiers to the festival.
그 탱크는 the 군인들을 the 축제에 초대하지 **않을 것이다.**

12 **A fire fighter will not** go to the high mountain.
a 소방관은 the 높은 산으로 가지 **않을 것이다.**

13 **The pig will not** take a shower from now. the 돼지는 지금부터 a 샤워하지 **않을 것이다.**

14 **A dentist will not** meet a good neighbor.
a 치과의사는 a 좋은 이웃을 만나지 **않을 것이다.**

15 **I will not** save money and time.
나는 돈과 시간을 절약하지 **않을 것이다.**

16 **The porter will not** come here early.
the 짐꾼은 일찍 여기에 오지 **않을 것이다.**

17 **The mosquito will not** bite my dirty father. the 모기는 나의 더러운 아빠를 물지 **않을 것이다.**

18 **The doctor will not** give you poison.
the 의사는 너에게 독약(poison)을 주지 **않을 것이다.**

19 **Your father will not** advise you.
너의 아빠는 너에게 충고하지 **않을 것이다.**

20 **A baseball player will not** dance on the ice.
a 야구선수는 the 얼음 위에서 춤추지 **않을 것이다.**

11 그 탱크는 the 군인들을 the 축제에 초대하지 **않을 것이다.**

12 a 소방관은 the 높은 산으로 가지 **않을 것이다.**

13 the 돼지는 지금부터 a 샤워하지 **않을 것이다.**

14 a 치과의사는 a 좋은 이웃을 만나지 **않을 것이다.**

15 나는 돈과 시간을 절약하지 **않을 것이다.**

16 the 짐꾼은 일찍 여기에 오지 **않을 것이다.**

17 the 모기는 나의 더러운 아빠를 물지 **않을 것이다.**

18 the 의사는 너에게 독약을 주지 **않을 것이다.**

19 너의 아빠는 너에게 충고하지 **않을 것이다.**

20 a 야구선수는 the 얼음 위에서 춤추지 **않을 것이다.**

다음 우리말을 보고, 특허 동사구를 활용해 말해보세요. MP3 Unit 18-3

21 나는 일찍 잘 것이다.

22 나는 늦게 일어나지 **않을 것이다.**

23 나는 세수를 하지 **않을 것이다.**

24 나는 양치를 **할 것이다.**

25 나는 오늘 학교에 **갈 것이다.**

26 나는 내일 직장에 가지 **않을 것이다.**

27 나는 the 영어 수업을 **수강할 것이다.**

28 나는 점심 후에 a 쉬지 **않을 것이다.**

29 나는 the 영어 수업 중에 a 낮잠을 자지 **않을 것이다.**

30 나는 간식으로 an 사과를 **먹을 것이다.**

answer

21 I will sleep early. **22** I will not get up late. **23** I will not wash my face. **24** I will brush my teeth. **25** I will go to school today. **26** I will not go to work tomorrow. **27** I will take the English class. **28** I will not take a rest after lunch. **29** I will not take a nap during the English class. **30** I will eat an apple for snack.

위의 문장을 다시 5회 이상 읽고, 암기한 후 시간을 기록하세요.

Korean-American	TOEIC 870	my time
21초	24초	초

Unit 19
Would you like to + 동사구?
당신은 ~해주시겠어요?

1 Would you like to + 동사구?

① '당신은 ~해주시겠어요?, ~하시겠어요?'의 의미를 나타내고자 할 때 사용합니다.

ex **Would you like to** marry a good-looking frog?

당신은 a 잘생긴 개구리와 결혼하시겠습니까?

2 Would you like + 명사?

① '당신은 명사를 원합니까?'의 의미를 나타내고자 할 때 사용합니다.

ex Would you like a drink? a 음료수 드릴까요?

ex Would you like some tea? 차 좀 드시겠어요?

ex Would you like some coffee? 커피를 좀 드시겠어요?

Quiz 다음 중 틀린 문장을 고르시오.

① Would you like to push my car? ② Would you like a cup of tea?

③ Would you like help me? ④ Would you like to eat some cookies?

⑤ Would you like to go skating?

ANSWER ③

□에 ✓표시하면서 기본 5회 이상 빠르게 말하면서 암기합니다. **MP3 Unit 19-1**

	1	2	3	4	5

1 **Would you like to** marry a good-looking frog?
당신은 a 잘생긴 개구리와 **결혼하시겠습니까?**

2 **Would you like to** swim with me?
당신은 저와 함께 **수영하시겠습니까?**

3 **Would you like to** pull your chair?
당신은 당신의 의자를 **당겨 주시겠습니까?**

4 **Would you like to** forgive me?
당신은 저를 **용서해 주시겠습니까?**

5 **Would you like to** help her sing?
당신은 그녀가 노래하는 것을 **도와주시겠습니까?**

6 **Would you like to** go out for a while?
당신은 잠시 밖에 **나가시겠습니까?**

7 **Would you like to** explain about the program?
당신은 the 프로그램에 관하여 **설명해 주시겠습니까?**

8 **Would you like to** give me the sun?
당신은 the 태양을 저에게 **주시겠습니까?**

9 **Would you like to** order the black milk? 당신은 the 검은 우유를 **주문하시겠습니까?**

10 **Would you like to** sell your bag to me? 당신은 당신의 가방을 저에게 **파시겠습니까?**

다음 우리말을 보고, 특허 동사구를 활용해 말해보세요.

1. 당신은 a 잘생긴 개구리와 **결혼하시겠습니까?**

2. 당신은 저와 함께 **수영하시겠습니까?**

3. 당신은 당신의 의자를 **당겨 주시겠습니까?**

4. 당신은 저를 **용서해 주시겠습니까?**

5. 당신은 그녀가 노래하는 것을 **도와주시겠습니까?**

6. 당신은 잠시 밖에 **나가시겠습니까?**

7. 당신은 the 프로그램에 관하여 **설명해 주시겠습니까?**

8. 당신은 the 태양을 저에게 **주시겠습니까?**

9. 당신은 the 검은 우유를 **주문하시겠습니까?**

10. 당신은 당신의 가방을 저에게 **파시겠습니까?**

□에 ✓표시하면서 기본 5회 이상 빠르게 말하면서 암기합니다. **MP3 Unit 19-2**

	1	2	3	4	5

11 **Would you like to** eat pizza for dinner?
당신은 저녁으로 피자를 드시겠습니까?

12 **Would you like to** eat noodle for lunch?
당신은 점심으로 라면(noodle)을 드시겠습니까?

13 **Would you like to** eat two eggs for breakfast?
당신은 아침으로 2개의 계란s을 드시겠습니까?

14 **Would you like to** eat a sandwich for dinner? 당신은 저녁으로 a 샌드위치를 드시겠습니까?

15 **Would you like to** come with me?
당신은 저와 함께 가시겠습니까?

16 **Would you like to** pass me the bag?
당신은 그 가방을 저에게 전해 주시겠습니까?

17 **Would you like to** open your bag?
당신은 당신의 가방을 열어 주시겠습니까?

18 **Would you like to** wake me up at seven? 당신은 저를 7시에 깨워 주시겠습니까?

19 **Would you like to** hit my head?
당신은 저의 머리를 때려 주시겠습니까?

20 **Would you like to** use the right door?
당신은 the 오른쪽 문을 이용해 주시겠습니까?

다음 우리말을 보고, 특허 동사구를 활용해 말해보세요.

11 당신은 저녁으로 피자를 드시겠습니까?

12 당신은 점심으로 라면을 드시겠습니까?

13 당신은 아침으로 2개의 계란s을 드시겠습니까?

14 당신은 저녁으로 a 샌드위치를 드시겠습니까?

15 당신은 저와 함께 **가시겠습니까**?

16 당신은 그 가방을 저에게 **전해 주시겠습니까**?

17 당신은 당신의 가방을 **열어 주시겠습니까**?

18 당신은 저를 7시에 **깨워 주시겠습니까**?

19 당신은 저의 머리를 **때려 주시겠습니까**?

20 당신은 the 오른쪽 문을 **이용해 주시겠습니까**?

다음 우리말을 보고, 특허 동사구를 활용해 말해보세요. MP3 Unit 19-3

21 당신은 그녀와 함께 저녁식사를 **하실래요?**

22 당신은 저 외로운 코끼리와 같이 **노시겠습니까?**

23 당신은 a 울고 있는 뱀에 관하여 **이야기해 주실래요?**

24 당신은 그녀의 컴퓨터를 **옮겨주시겠습니까?**

25 당신은 자전거를 타고 멕시코에 **가시겠어요?**

26 당신은 the 키 큰 나무와 **춤을 추시겠습니까?**

27 당신은 그의 왼쪽 눈을 **기억해 주시겠습니까?**

28 당신은 이 책을 **읽으시겠습니까?**

29 당신은 a 아름다운 꽃을 **만들어 주시겠습니까?**

30 당신은 입을 좀 **벌려 주시겠습니까?**

answer

21 Would you like to eat dinner with her? 22 Would you like to play with that lonely elephant?
23 Would you like to talk about a crying snake? 24 Would you like to move her computer?
25 Would you like to go to Mexico by bike? 26 Would you like to dance with the tall tree?
27 Would you like to remember his left eye? 28 Would you like to read this book? 29 Would you like to make a beautiful flower? 30 Would you like to open your mouth?

위의 문장을 다시 5회 이상 읽고, 암기한 후 시간을 기록하세요.

Korean-American	TOEIC 870	my time
29초	34초	초

Unit 20 — I would like to + 동사구.

저는 ~하고 싶습니다.

1　I would like to + 동사구.

① '저는 ~하고 싶습니다'의 의미를 나타내고자 할 때 사용합니다.

ex **I would like to** swim with the pumpkin. 저는 그 호박과 함께 수영하고 싶습니다.

② I would like to는 줄여서 I'd like to로 사용합니다.

ex **I'd like to** swim with the pumpkin. 저는 그 호박과 함께 수영하고 싶습니다.

③ 'I want to + 동사구.' 보다 더 공손한 표현입니다.

2　I would like + 명사.

① '저는 명사를 원합니다.'의 의미를 나타내고자 할 때 사용합니다.

ex **I would like** some milk. 저는 우유를 좀 마시고 싶습니다.

Quiz　다음 중 틀린 문장을 고르시오.

① I'd like to send you a letter.　　② I'd like to make a pretty doll.

③ I'd like to had a good time.　　④ I'd like to have your hat.

⑤ I'd like some ice cream.

ANSWER ③

□에 ✓표시하면서 기본 5회 이상 빠르게 말하면서 암기합니다. (MP3) **Unit 20-1**

	1	2	3	4	5

1 **I'd like to** swim with the pumpkin.
저는 그 호박과 함께 수영하고 **싶습니다.**

2 **I'd like to** steal the star.
저는 the 별을 훔치고 **싶습니다.**

3 **I'd like to** pull the bed a little.
저는 the 침대를 약간 당기고 **싶습니다.**

4 **I'd like to** learn English from you.
저는 당신에게 영어를 배우고 **싶습니다.**

5 **I'd like to** help her wash the dishes.
저는 그녀가 the 설거지하는 것을 도와주고 **싶습니다.**

6 **I'd like to** play with your son outside.
저는 당신의 아들과 밖에서 놀고 **싶습니다.**

7 **I'd like to** discuss the problem with you.
저는 그 문제를 당신과 토론하고 **싶습니다.**

8 **I'd like to** marry your daughter tomorrow. 저는 당신의 딸과 내일 결혼하고 **싶습니다.**

9 **I'd like to** order two hamburgers for dinner.
저는 저녁으로 두 개의 햄버거s를 주문하고 **싶습니다.**

10 **I'd like to** sell this pencil case to you.
저는 이 필통을 당신에게 팔고 **싶습니다.**

다음 우리말을 보고, 특허 동사구를 활용해 말해보세요.

1 저는 그 호박과 함께 수영하고 **싶습니다.**

2 저는 the 별을 훔치고 **싶습니다.**

3 저는 the 침대를 약간 당기고 **싶습니다.**

4 저는 당신에게 영어를 배우고 **싶습니다.**

5 저는 그녀가 the 설거지하는 것을 도와주고 **싶습니다.**

6 저는 당신의 아들과 밖에서 놀고 **싶습니다.**

7 저는 그 문제를 당신과 토론하고 **싶습니다.**

8 저는 당신의 딸과 내일 결혼하고 **싶습니다.**

9 저는 저녁으로 두 개의 햄버거s를 주문하고 **싶습니다.**

10 저는 이 필통을 당신에게 팔고 **싶습니다.**

□에 ✓표시하면서 기본 5회 이상 빠르게 말하면서 암기합니다. MP3 Unit 20-2

	1	2	3	4	5

11 **I'd like to** eat a rotten lily for snack.
저는 a 썩은 백합을 간식으로 먹고 **싶습니다.**

12 **I'd like to** ride your bike.
저는 당신의 자전거를 타고 **싶습니다.**

13 **I'd like to** meet the gentleman again.
저는 그 신사를 다시 만나고 **싶습니다.**

14 **I'd like to** play with the famous singer.
저는 그 유명한 가수와 놀고 **싶습니다.**

15 **I'd like to** invite you to the party.
저는 당신을 the 파티에 초대하고 **싶습니다.**

16 **I'd like to** swim in the lake with you.
저는 당신과 the 호수에서 수영하고 **싶습니다.**

17 **I'd like to** hide my weak point.
저는 나의 약점을 숨기고 **싶습니다.**

18 **I'd like to** dance to the song with you.
저는 그 노래에 맞춰 당신과 춤을 추고 **싶습니다.**

19 **I'd like to** remember you forever.
저는 당신을 영원히 기억하고 **싶습니다.**

20 **I'd like to** explore the scary mountain.
저는 그 무서운 산을 탐험하고 **싶습니다.**

다음 우리말을 보고, 특허 동사구를 활용해 말해보세요.

11 저는 a 썩은 백합을 간식으로 먹고 **싶습니다.**

12 저는 당신의 자전거를 타고 **싶습니다.**

13 저는 그 신사를 다시 만나고 **싶습니다.**

14 저는 그 유명한 가수와 놀고 **싶습니다.**

15 저는 당신을 the 파티에 초대하고 **싶습니다.**

16 저는 당신과 the 호수에서 수영하고 **싶습니다.**

17 저는 나의 약점을 숨기고 **싶습니다.**

18 저는 그 노래에 맞춰 당신과 춤을 추고 **싶습니다.**

19 저는 당신을 영원히 기억하고 **싶습니다.**

20 저는 그 무서운 산을 탐험하고 **싶습니다.**

다음 우리말을 보고, 특허 동사구를 활용해 말해보세요. MP3 Unit 20-3

21 저는 저의 의자를 바꾸고 **싶습니다.**

22 저는 a 좋은 꿈을 꾸고 **싶습니다.**

23 저는 a 깊은 강에서 수영을 하고 **싶습니다.**

24 저는 그녀에게 a 검은 바나나를 주고 **싶습니다.**

25 저는 그녀의 어리석은 고양이를 만나고 **싶습니다.**

26 저는 지금 역사를 공부하고 **싶습니다.**

27 저는 가난한 어린이들을 돕고 **싶습니다.**

28 저는 a 미친 개미를 차고 **싶습니다.**

29 저는 뜨거운 커피를 마시고 **싶습니다.**

30 저는 많은 돈을 벌고 **싶습니다.**

answer

21 I'd like to change my chair.   22 I'd like to dream a good dream.   23 I'd like to swim in a deep river.   24 I'd like to give her a black banana.   25 I'd like to meet her stupid cat.   26 I'd like to study history now.   27 I'd like to help poor children.   28 I'd like to kick a crazy ant.   29 I'd like to drink hot coffee.   30 I'd like to make a lot of money.

위의 문장을 다시 5회 이상 읽고, 암기한 후 시간을 기록하세요.

Korean-American	TOEIC 870	my time
21초	25초	초

Review Test 6   Unit 17-20   MP3 Review Test 6

다음 우리말을 영어로 말하고, 그 문장을 적어보세요.

1   당신은 저를 저의 집에 데려다 주실래요?

2   나는 그녀를 그의 섬에 데려다 줄 것이다.

3   나는 너를 행복하게 만들 것이다.

4   나는 the 빗속에서 잠을 자지 않을 것이다.

5   너는 나를 the 산까지 태워줄 거니? (give ~ a ride)

6   응, 나는 너를 the 산까지 태워 줄게.

7   아니, 나는 너를 the 산까지 태워 주지 않을 거야.

8   너는 a 동물원에 다음에 갈 거니?

9   응, 나는 a 동물원에 다음에 갈 거야.

10   아니, 나는 a 동물원에 다음에 가지 않을 거야.

다음 우리말을 영어로 말하고, 그 문장을 적어보세요.

11 당신은 the 창문을 닦아 주시겠어요? (wipe)

12 저는 이 상자를 옮기고 싶어요.

13 나는 너에게 돈을 좀 빌려줄게.

14 당신은 이 우산을 사고 싶습니까?

15 저는 유럽을 여행하고 싶습니다.

16 저는 이 신발s을 교환하고 싶습니다.

17 당신은 그것을 환불하고 싶습니까? (refund)

18 저는 이것을 복사하고 싶습니다. (photocopy)

19 당신은 해외에서 공부할 거에요?

20 저는 회사를 운영할 것입니다. (run)

Unit 21

Do you have to + 동사구?
너는 ~해야만 하니?

1 Do you have to + 동사구?

① '너는 ~해야만 하니?'의 의미를 나타내고자 할 때 사용합니다.

ex **Do you have to** walk like a duck? 너는 a 오리처럼 걸어야만 하니?

2 Do I have to + 동사구?

① '내가 ~해야만 하니?'의 의미를 나타내고자 할 때 사용합니다.

ex **Do I have to** eat fish for lunch? 나는 점심으로 생선을 먹어야 하니?

② '너는 ~해서는 안된다.'의 의미를 나타내고자 할 때는 must 뒤에 not을 사용합니다.

ex **You must not** eat fish for lunch.
너는 점심으로 생선을 먹어서는 안 된다.

Quiz 다음 중 틀린 문장을 고르시오.

① Do you have to take an English course?

② Do you have to crossing the road? ③ Do you have to use your pen?

④ Do I have to enter the room? ⑤ Do I have to turn it on?

ANSWER ②

□에 ✓표시하면서 기본 5회 이상 빠르게 말하면서 암기합니다. (MP3) **Unit 21-1**

	1	2	3	4	5

1. Do you have to walk like a duck?
너는 a 오리처럼 걸어**야만 하니**?

2. Do you have to wash her eyebrows?
너는 그녀의 눈썹s을 씻어 주어**야만 하니**?

3. Do you have to start in an hour?
너는 한 시간 후에 출발해**야만 하니**?

4. Do you have to smoke in here?
너는 담배를 여기서 피워**야만 하니**?

5. Do you have to believe her?
너는 그녀를 믿어**야만 하니**?

6. Do you have to enter his ear?
너는 그의 귀에 들어가**야만 하니**?

7. Do you have to introduce her?
너는 그녀를 소개해**야만 하니**?

8. Do you have to introduce yourself in English? 너는 너 자신을 영어로 소개해**야만 하니**?

9. Do you have to speak Korean to him?
너는 그에게 한국어를 말해**야만 하니**?

10. Do you have to come here late?
너는 여기에 늦게 와**야만 하니**?

다음 우리말을 보고, 특허 동사구를 활용해 말해보세요.

1. 너는 a 오리처럼 걸어**야만 하니**?

2. 너는 그녀의 눈썹s을 씻어 주어**야만 하니**?

3. 너는 한 시간 후에 출발해**야만 하니**?

4. 너는 담배를 여기서 피워**야만 하니**?

5. 너는 그녀를 믿어**야만 하니**?

6. 너는 그의 귀에 들어가**야만 하니**?

7. 너는 그녀를 소개해**야만 하니**?

8. 너는 너 자신을 영어로 소개해**야만 하니**?

9. 너는 그에게 한국어를 말해**야만 하니**?

10. 너는 여기에 늦게 와**야만 하니**?

□에 ✓표시하면서 기본 5회 이상 빠르게 말하면서 암기합니다. **MP3 Unit 21-2**

	1	2	3	4	5

11 **Do I have to** eat fish for lunch?
나는 점심으로 생선을 먹어야 하니?

12 **Do I have to** take a rest now?
나는 지금 a 휴식을 취해야 하니?

13 **Do I have to** meet the queen in a prison? 나는 그 여왕을 a 감옥에서 만나야 하니?

14 **Do I have to** play with a fat pig on the branch?
나는 그 나뭇가지 위에서 a 살찐 돼지와 놀아야 하니?

15 **Do I have to** call him tonight?
나는 오늘 밤 그에게 전화해야 하니?

16 **Do I have to** play volleyball with the bear? 나는 그 곰과 배구를 해야 하니?

17 **Do I have to** go to the sea by bus?
나는 버스타고 the 바다에 가야 하니?

18 **Do I have to** run with the squirrel?
나는 그 다람쥐(squirrel)와 함께 달려야 하니?

19 **Do I have to** remember the code number? 나는 그 코드번호를 기억해야 하니?

20 **Do I have to** use a dictionary?
나는 a 사전을 사용해야 하니?

다음 우리말을 보고, 특허 동사구를 활용해 말해보세요.

11 나는 점심으로 생선을 먹어**야 하니**?

12 나는 지금 a 휴식을 취해**야 하니**?

13 나는 그 여왕을 a 감옥에서 만나**야 하니**?

14 나는 그 나뭇가지 위에서 a 살찐 돼지와 놀아**야 하니**?

15 나는 오늘 밤 그에게 전화해**야 하니**?

16 나는 그 곰과 배구를 해**야 하니**?

17 나는 버스타고 the 바다에 가**야 하니**?

18 나는 그 다람쥐와 함께 달려**야 하니**?

19 나는 그 코드번호를 기억해**야 하니**?

20 나는 a 사전을 사용해**야 하니**?

다음 우리말을 보고, 특허 동사구를 활용해 말해보세요. MP3 Unit 21-3

21 나는 그녀에게 그 숫자를 말해**야 하니**?

22 너는 혼자 살아**야 하니**?

23 나는 그 늑대와 결혼**해야 하니**?

24 너는 그 비밀을 유지**해야 하니**?

25 나는 the 치과에 가**야 하니**?

26 너는 빨리 달려**야 하니**?

27 나는 많은 물을 마셔**야 하니**?

28 너는 너의 전화를 사용**해야 하니**?

29 나는 너에게 a 문자를 보내**야 하니**?

30 너는 그녀의 집을 방문**해야 하니**?

answer

21 Do I have to tell the number to her?　22 Do you have to live alone?　23 Do I have to marry the wolf?　24 Do you have to keep the secret?　25 Do I have to go to the dentist?　26 Do you have to drive fast?　27 Do I have to drink a lot of water?　28 Do you have to use your cell phone?　29 Do I have to send a text message to you?　30 Do you have to visit her house?

위의 문장을 다시 5회 이상 읽고, 암기한 후 시간을 기록하세요.

Korean-American	TOEIC 870	my time
21초	25초	초

Unit 22 — You have to + 동사구.

너는 ~해야만 한다.

1   You have to + 동사구.

① '너는 ~해야만 한다'의 의미를 나타내고자 할 때 사용합니다.

ex **You have to** catch three squids. 너는 3마리의 오징어s를 잡아야만 한다.

2   have to의 과거형

① '너는 ~해야만 했다'의 과거의 의미를 표현하고자 할 때는 **had to**를 사용합니다.

ex **You had to** catch three squids. 너는 3마리의 오징어s를 잡아야만 했다.

Quiz 다음 중 틀린 문장을 고르시오.

① You have to wash your old car.

② You have to sing quietly.

③ You has to kick it out.

④ You have to walk carefully.

⑤ You had to play the drum.

ANSWER ③

□에 ✓표시하면서 기본 5회 이상 빠르게 말하면서 암기합니다. MP3 Unit 22-1

| | | 1 | 2 | 3 | 4 | 5 |

1. You have to catch three squids.
너는 3마리의 오징어s를 잡아**야만 한다.**

2. They have to walk to Africa bravely.
그들은 아프리카까지 용감하게 걸어가**야만 한다.**

3. We have to listen to the news carefully.
우리는 the 뉴스를 주의 깊게 들어**야만 한다.**

4. You have to go there late.
너는 거기에 늦게 가**야만 한다.**

5. I have to know the price of the car.
나는 그 차의 the 가격을 알아**야만 한다.**

6. We have to introduce a scientist to an animal doctor.
우리는 a 과학자를 an 수의사에게 소개해**야만 한다.**

7. We have to work with his older brother.
우리는 그의 형님과 함께 일을 해**야만 한다.**

8. I have to wash the judge's left eye.
나는 그 판사의 왼쪽 눈을 씻어 주어**야만 한다.**

9. They have to stay in the scientist's house. 그들은 그 과학자의 집에 머물러**야만 한다.**

10. They have to eat lunch with me this weekend.
그들은 이번 주말에 나와 함께 점심을 먹어**야만 한다.**

다음 우리말을 보고, 특허 동사구를 활용해 말해보세요.

1. 너는 3마리의 오징어s를 잡아**야만 한다**.

2. 그들은 아프리카까지 용감하게 걸어가**야만 한다**.

3. 우리는 the 뉴스를 주의 깊게 들어**야만 한다**.

4. 너는 거기에 늦게 가**야만 한다**.

5. 나는 그 차의 the 가격을 알아**야만 한다**.

6. 우리는 a 과학자를 an 수의사에게 소개해**야만 한다**.

7. 우리는 그의 형님과 함께 일을 해**야만 한다**.

8. 나는 그 판사의 왼쪽 눈을 씻어 주어**야만 한다**.

9. 그들은 그 과학자의 집에 머물러**야만 한다**.

10. 그들은 이번 주말에 나와 함께 점심을 먹어**야만 한다**.

□에 ✓표시하면서 기본 5회 이상 빠르게 말하면서 암기합니다. **MP3 Unit 22-2**

| | 1 | 2 | 3 | 4 | 5 |

11 **You had to** meet that big fish in the field. 너는 the 들판에서 저 큰 물고기를 만나**야만 했다**.

12 **I had to** dance in the water.
나는 the 물속에서 춤을 춰**야만 했다**.

13 **We had to** drink clean water.
우리는 깨끗한 물을 마셔**야만 했다**.

14 **I had to** go shopping with a music teacher.
나는 a 음악선생님과 함께 쇼핑을 가**야만 했다**.

15 **We had to** supply a lot of water to a farmer. 우리는 많은 물을 a 농부에게 공급해**야만 했다**.

16 **We had to** live on the cold water.
우리는 the 차가운 물 위에서 살아**야만 했다**.

17 **They had to** arrive there after nine.
그들은 그곳에 9시 후에 도착해**야만 했다**.

18 **I had to** act like a sleeping cheater.
나는 a 잠자고 있는 사기꾼처럼 행동해**야만 했다**.

19 **The black gorillas had to** take off their socks.
그 검은 고릴라들은 그들의 양말s을 벗어**야만 했다**.

20 **I had to** help the bus driver drive.
나는 그 버스기사가 운전하는 걸 도와주어**야만 했다**.

다음 우리말을 보고, 특허 동사구를 활용해 말해보세요.

11 너는 the 들판에서 저 큰 물고기를 만나**야만 했다**.

12 나는 the 물속에서 춤을 춰**야만 했다**.

13 우리는 깨끗한 물을 마셔**야만 했다**.

14 나는 a 음악선생님과 함께 쇼핑을 가**야만 했다**.

15 우리는 많은 물을 a 농부에게 공급해**야만 했다**.

16 우리는 the 차가운 물 위에서 살아**야만 했다**.

17 그들은 그곳에 9시 후에 도착해**야만 했다**.

18 나는 a 잠자고 있는 사기꾼처럼 행동해**야만 했다**.

19 그 검은 고릴라들은 그들의 양말s을 벗어**야만 했다**.

20 나는 그 버스기사가 운전하는 걸 도와주어**야만 했다**.

다음 우리말을 보고, 특허 동사구를 활용해 말해보세요. (MP3) Unit 22-3

21 나는 a 특별한 취미를 가져**야만** 한다.

22 그들은 그 시험에 합격을 해**야만** 했다.

23 우리는 9시에 the 회의를 시작해**야만** 한다.

24 나는 the 사무실을 나서**야만** 한다.

25 너는 그 시간표를 확인해**야** 했다.

26 너는 the 기말고사를 쳐**야만** 한다.

27 우리는 그 경기를 이겨**야만** 한다.

28 우리는 그 길이(length)를 재**야만** 했다.

29 그들은 그 답안지(answer sheet)를 나에게 줘**야만** 했다.

30 그들은 the 나쁜 뱀s을 속여**야만** 한다.

answer

21 I have to have a special hobby. 22 They had to pass the test. 23 We have to start the meeting at nine. 24 I have to leave the office. 25 You had to check the timetable. 26 You have to take the final test. 27 We have to win the game. 28 We had to measure the length. 29 They had to give me the answer sheet. 30 They have to cheat the bad snakes.

위의 문장을 다시 5회 이상 읽고, 암기한 후 시간을 기록하세요.

Korean-American	TOEIC 870	my time
23초	27초	초

You don't have to + 동사구.

너는 ~할 필요가 없다.

1   You don't have to + 동사구.

① '너는 ~할 필요가 없다'의 의미를 나타내고자 할 때 사용합니다.

② 'You need not + 동사구'와 동일한 의미를 가집니다.

  ⓔⓧ **I don't have to** eat a rabbit's watermelon. 나는 a 토끼의 수박을 먹을 필요가 없다.

  = **I need not** eat a rabbit's watermelon.

③ '~해서는 안된다'의 의미를 표현하고자 할 때는 **must not**을 사용합니다.

  ⓔⓧ **I must not** eat a rabbit's watermelon. 나는 a 토끼의 수박을 먹어서는 안된다.

2   You didn't have to + 동사구.

① '너는 ~할 필요가 없었다'의 의미를 표현하고자 할 때는 **didn't have to**를 사용합니다.

  ⓔⓧ **I didn't have to** eat a rabbit's watermelon. 나는 a 토끼의 수박을 먹을 필요가 없었다.

Quiz   다음 중 **틀린** 문장을 고르시오.

① You do no have to kick it out.   ② You don't have to ride a bike in the rain.

③ You don't have to make a snowman on my birthday.

④ You don't have to walk along the lake.

⑤ You don't have to take a bus.

ANSWER ①

□에 ✓표시하면서 기본 5회 이상 빠르게 말하면서 암기합니다. (MP3) Unit 23-1

	1	2	3	4	5

1. **I don't have to** eat a rabbit's watermelon. 나는 a 토끼의 수박을 먹을 **필요가 없다.** ☐ ☐ ☐ ☐ ☐

2. **They don't have to** shout in a church. 그들은 a 교회에서 소리칠 **필요가 없다.** ☐ ☐ ☐ ☐ ☐

3. **I don't have to** know the cheater. 나는 그 사기꾼을 알 **필요가 없다.** ☐ ☐ ☐ ☐ ☐

4. **You don't have to** listen to the song again. 너는 그 노래를 다시 들을 **필요가 없다.** ☐ ☐ ☐ ☐ ☐

5. **You don't have to** cheat me like the cheater. 너는 그 사기꾼처럼 나를 속일 **필요가 없다.** ☐ ☐ ☐ ☐ ☐

6. **We don't have to** catch three queen bees. 우리는 3마리의 여왕벌s을 잡을 **필요가 없다.** ☐ ☐ ☐ ☐ ☐

7. **I don't have to** wash a cheater's car. 나는 a 사기꾼의 차를 씻어 줄 **필요가 없다.** ☐ ☐ ☐ ☐ ☐

8. **They don't have to** introduce a queen bee to me. 그들은 a 여왕벌을 나에게 소개할 **필요가 없다.** ☐ ☐ ☐ ☐ ☐

9. **You don't have to** fix her pocket. 너는 그녀의 주머니를 수선할 **필요가 없다.** ☐ ☐ ☐ ☐ ☐

10. **We don't have to** leave the village now. 우리는 지금 the 마을을 떠날 **필요가 없다.** ☐ ☐ ☐ ☐ ☐

1 나는 a 토끼의 수박을 먹을 **필요가 없다.**

2 그들은 a 교회에서 소리칠 **필요가 없다.**

3 나는 그 사기꾼을 알 **필요가 없다.**

4 너는 그 노래를 다시 들을 **필요가 없다.**

5 너는 그 사기꾼처럼 나를 속일 **필요가 없다.**

6 우리는 3마리의 여왕벌s을 잡을 **필요가 없다.**

7 나는 a 사기꾼의 차를 씻어 줄 **필요가 없다.**

8 그들은 a 여왕벌을 나에게 소개할 **필요가 없다.**

9 너는 그녀의 주머니를 수선할 **필요가 없다.**

10 우리는 지금 the 마을을 떠날 **필요가 없다.**

□에 ✓표시하면서 기본 5회 이상 빠르게 말하면서 암기합니다. **MP3 Unit 23-2**

	1	2	3	4	5

11 **The dogs didn't have to** go to the police station with a cheater.
그 개들은 a 사기꾼과 the 경찰서에 갈 **필요가 없었다.**

12 **You didn't have to** act like a sleeping cheater.
너는 a 잠자고 있는 사기꾼처럼 행동할 **필요가 없었다.**

13 **You didn't have to** stop by my house.
너는 나의 집에 잠시 들를 **필요가 없었다.**

14 **They didn't have to** drink black water.
그들은 검은 물을 마실 **필요가 없었다.**

15 **The twins didn't have to** sleep on a car.
the 쌍둥이들은 a 차 위에서 잠을 잘 **필요가 없었다.**

16 **We didn't have to** swim like the fat duck. 우리는 그 뚱뚱한 오리처럼 수영할 **필요가 없었다.**

17 **You didn't have to** wear an elephant's skirt. 너는 an 코끼리의 치마를 입을 **필요가 없었다.**

18 **They didn't have to** smoke on the water.
그들은 the 물 위에서 담배를 피울 **필요가 없었다.**

19 **I didn't have to** meet a shark.
나는 a 상어를 만날 **필요가 없었다.**

20 **The teachers didn't have to** help a judge. 그 선생님들은 a 판사를 도와줄 **필요가 없었다.**

11 그 개들은 a 사기꾼과 the 경찰서에 갈 **필요가 없었다.**

12 너는 a 잠자고 있는 사기꾼처럼 행동할 **필요가 없었다.**

13 너는 나의 집에 잠시 들를 **필요가 없었다.**

14 그들은 검은 물을 마실 **필요가 없었다.**

15 the 쌍둥이들은 a 차 위에서 잠을 잘 **필요가 없었다.**

16 우리는 그 뚱뚱한 오리처럼 수영할 **필요가 없었다.**

17 너는 an 코끼리의 치마를 입을 **필요가 없었다.**

18 그들은 the 물 위에서 담배를 피울 **필요가 없었다.**

19 나는 a 상어를 만날 **필요가 없었다.**

20 그 선생님들은 a 판사를 도와줄 **필요가 없었다.**

다음 우리말을 보고, 특허 동사구를 활용해 말해보세요. (MP3 Unit 23-3)

21 나는 네 말을 들을 **필요가 없었다.**

22 우리는 화를 낼 **필요가 없다.**

23 우리는 낚시를 갈 **필요가 없었다.**

24 너는 슬퍼할 **필요가 없다.**

25 그들이 the 파티에서 와인을 마실 **필요는 없다.**

26 나는 the 초를 불 **필요가 없다.**

27 우리는 그 음식을 맛볼 **필요가 없었다.**

28 그들은 그 사건을 설명할 **필요가 없다.**

29 나는 너의 저녁을 먹을 **필요가 없다.**

30 그들은 그 약속(appointment)을 지킬 **필요가 없었다.**

`answer`

21 I didn't have to listen to you.　22 We don't have to get angry.　23 We didn't have to go fishing.　24 You don't have to feel sad.　25 They don't have to drink wine at the party.　26 I don't have to blow the candle.　27 We didn't have to taste the food.　28 They don't have to explain the accident.　29 I don't have to eat your dinner.　30 They didn't have to keep the appointment.

위의 문장을 다시 5회 이상 읽고, 암기한 후 시간을 기록하세요.

Korean-American	TOEIC 870	my time
24초	27초	초

Review Test 7 — Unit 21-23

다음 우리말을 영어로 말하고, 그 문장을 적어보세요.

1   너는 그녀의 공을 쳐야만 하니?

2   그는 그의 적을 그리워할 필요가 없었다.

3   그 쥐는 a 고양이의 집에 가야만 했다.

4   그 농부는 a 학생을 속여야 했다.

5   너는 많은 돈을 벌어야 하니?

6   그 연필은 그 개구리처럼 점프해야 했다.

7   넌 그 고양이의 별명을 바꾸어야 할 필요가 없다.

8   그 어부는 a 여왕벌을 죽일 필요가 없었다.

9   난 이 산을 저 언덕으로 옮겨야 한다.

10   너는 그녀에게 과학을 가르쳐야만 하니?

answer

1 Do you have to hit her ball?
2 He didn't have to miss his enemy.
3 The mouse had to go to a cat's house.
4 The farmer had to cheat a student.
5 Do you have to make a lot of money?
6 The pencil had to jump like the frog.
7 You don't have to change the cat's nickname.
8 The fisher didn't have to kill a queen bee.
9 I have to move this mountain to that hill.
10 Do you have to teach her science?

다음 우리말을 영어로 말하고, 그 문장을 적어보세요.

11 그들은 그의 집을 부수어야 한다.

12 그 검은 백합은 a 친구에게 전화를 할 필요가 없었다.

13 난 a 경찰관으로부터 a 권총을 받아야만 한다.

14 내가 그 의자에 앉아야만 하니?

15 우리는 the 교실에서 a 파티를 열 필요가 없다.

16 내가 a 빨간 늑대와 싸워야 하니?

17 난 some 돈을 가지고 있어야 했다.

18 그 성경책은 교회에 가야 했다.

19 그녀는 a 사기꾼과 결혼해야 할 필요가 없었다.

20 그들은 그 소(cow)를 요리를 할 필요가 없다.

answer
11 They have to break his house.　12 The black lily didn't have to call a friend.
13 I have to get a pistol from a police officer.　14 Do I have to sit on the chair?
15 We don't have to have a party in the classroom.
16 Do I have to fight with a red wolf?
17 I had to have some money.　18 The Bible had to go to church.
19 She didn't have to marry a cheater.　20 They don't have to cook the cow.

May I + 동사구?

제가 ~해도 됩니까?

1　May I + 동사구?

① 허락을 받는 질문으로 '제가 ~해도 됩니까?'의 의미를 나타내고자 할 때 사용합니다.

　ex **May I** find the lost ring with you? 제가 당신과 함께 그 잃어버린 반지를 찾아도 됩니까?

② 'Can I + 동사구?'와 동일한 의미를 가집니다.

　ex **Can I** find the lost ring with you? 제가 당신과 함께 그 잃어버린 반지를 찾아도 됩니까?

③ May가 조동사이므로 May I 뒤에는 항상 동사의 원형이 옵니다.

　ex May I <u>found</u> the lost ring with you? (×)

Quiz　다음 중 틀린 문장을 고르시오.

① May I ask you a favor?　　　② May I play with that dog?

③ May I eat the cake?　　　　④ May I went to the park?

⑤ May I watch TV now?

ANSWER ④

□에 ✓표시하면서 기본 5회 이상 빠르게 말하면서 암기합니다. (MP3) Unit 24-1

| | 1 | 2 | 3 | 4 | 5 |

1. May I find the lost ring with you?
제가 당신과 함께 그 잃어버린 반지를 찾아도 **됩니까?**

2. May I send you a good-looking rose?
제가 당신에게 a 잘생긴 장미를 보내도 **됩니까?**

3. May I review this book today?
제가 오늘 이 책을 복습해도 **됩니까?**

4. May I cover this sugar with salt?
제가 이 설탕을 소금으로 덮어도 **됩니까?**

5. May I use your pillow tonight?
제가 당신의 베개를 오늘 밤에 사용해도 **됩니까?**

6. May I come in?
제가 들어가도 **됩니까?**

7. May I drink the apple juice?
제가 the 사과 주스를 마셔도 **됩니까?**

8. May I train your dog?
제가 당신의 개를 훈련시켜도 **됩니까?**

9. May I train your sister on a high tree?
제가 당신의 여동생을 a 높은 나무 위에서 훈련시켜도 **됩니까?**

10. May I cut the cake in half?
제가 그 케이크를 반으로(in half) 잘라도 **됩니까?**

다음 우리말을 보고, 특허 동사구를 활용해 말해보세요.

1. 제가 당신과 함께 그 잃어버린 반지를 찾아도 **됩니까**?

2. 제가 당신에게 a 잘생긴 장미를 보내도 **됩니까**?

3. 제가 오늘 이 책을 복습해도 **됩니까**?

4. 제가 이 설탕을 소금으로 덮어도 **됩니까**?

5. 제가 당신의 베개를 오늘 밤에 사용해도 **됩니까**?

6. 제가 들어가도 **됩니까**?

7. 제가 the 사과 주스를 마셔도 **됩니까**?

8. 제가 당신의 개를 훈련시켜도 **됩니까**?

9. 제가 당신의 여동생을 a 높은 나무 위에서 훈련시켜도 **됩니까**?

10. 제가 그 케이크를 반으로 잘라도 **됩니까**?

□에 ✓표시하면서 기본 5회 이상 빠르게 말하면서 암기합니다. **MP3 Unit 24-2**

	1	2	3	4	5

11 **May I** read this book loudly?
제가 이 책을 크게 읽어도 **됩니까**?

12 **May I** go home now?
제가 지금 집에 가도 **됩니까**?

13 **May I** help you?
제가 당신을 도와 **드릴까요**?

14 **May I** see your driver's license?
제가 당신의 운전면허증을 봐도 **됩니까**?

15 **May I** ask an easy question?
제가 an 쉬운 질문을 해도 **됩니까**?

16 **May I** go to the party now?
제가 지금 the 파티에 가도 **됩니까**?

17 **May I** wash my hands in the kitchen?
제가 the 부엌에서 저의 손s을 씻어도 **됩니까**?

18 **May I** fill the bottle with water?
제가 the 병을 물로 채워도 **됩니까**?

19 **May I** wake you up at two?
제가 당신을 2시에 깨워도 **됩니까**?

20 **May I** sing a Japanese song with her?
제가 그녀와 함께 a 일본 노래를 해도 **됩니까**?

다음 우리말을 보고, 특허 동사구를 활용해 말해보세요.

11 제가 이 책을 크게 읽어도 **됩니까?**

12 제가 지금 집에 가도 **됩니까?**

13 제가 당신을 도와 **드릴까요?**

14 제가 당신의 운전면허증을 봐도 **됩니까?**

15 제가 an 쉬운 질문을 해도 **됩니까?**

16 제가 지금 the 파티에 가도 **됩니까?**

17 제가 the 부엌에서 저의 손s을 씻어도 **됩니까?**

18 제가 the 병을 물로 채워도 **됩니까?**

19 제가 당신을 2시에 깨워도 **됩니까?**

20 제가 그녀와 함께 a 일본 노래를 해도 **됩니까?**

다음 우리말을 보고, 특허 동사구를 활용해 말해보세요. MP3 Unit 24-3

21 제가 당신에게 질문 하나 해도 **됩니까**?

22 제가 the 의사를 만나도 **됩니까**?

23 제가 당신의 여동생을 기다려도 **됩니까**?

24 제가 여기서 자도 **됩니까**?

25 제가 이 밀가루로 저녁을 만들어도 **됩니까**?

26 제가 이 계란을 요리해도 **됩니까**?

27 제가 그 약속(appointment)을 어겨도 **됩니까**?

28 제가 the 죽은 물고기를 꾸짖어도 **됩니까**?

29 제가 그녀와 함께 수학을 공부해도 **됩니까**?

30 제가 지금 과학숙제를 해도 **됩니까**?

answer

21 May I ask you a question?　22 May I meet the doctor?　23 May I wait for your sister?
24 May I sleep here?　25 May I make dinner with this flour?　26 May I cook this egg?
27 May I break the appointment?　28 May I scold the dead fish?　29 May I study math with her?
30 May I do science homework now?

위의 문장을 다시 5회 이상 읽고, 암기한 후 시간을 기록하세요.

Korean-American	TOEIC 870	my time
21초	24초	초

Unit 25

You may + 동사구.
너는 ~해도 돼.

1　You may + 동사구.

① 허락을 승인하는 표현으로 '너는 ~해도 돼'의 의미를 나타내고자 할 때 사용합니다.

② 'You can + 동사구.'와 동일한 의미를 가집니다.

　　ex **You may** eat this apple with the devil. 너는 the 악마와 함께 이 사과를 먹어도 돼.
　　　= **You can** eat this apple with the devil.

③ '~일지도 모른다'라는 의미도 있습니다.

　　ex **It may** be true. 그게 사실일지도 모른다.

2　You may not + 동사구.

① 부정의 의미로 '너는 ~해서는 안 된다'의 의미를 나타내고자 할 때 사용합니다.

Quiz　다음 중 틀린 문장을 고르시오.

① You may dancing with a tall boy.　② You may use my phone.

③ You may come to the party.　④ You may play the guitar.

⑤ You may open the window.

ANSWER ①

□에 ✓표시하면서 기본 5회 이상 빠르게 말하면서 암기합니다. **MP3 Unit 25-1**

	1	2	3	4	5

1 **You may** eat this apple with the devil.
너는 the 악마와 함께 이 사과를 **먹어도 돼**.

2 **You may** call Jesus now.
너는 예수님에게 지금 **전화를 해도 돼**.

3 **You may** sell my green puppy.
너는 나의 녹색 강아지를 **팔아도 돼**.

4 **You may** cancel the wedding.
너는 그 결혼을 **취소해도 돼**.

5 **You may** dance on my head.
너는 내 머리 위에서 춤을 **춰도 돼**.

6 **You may** pass a balloon to her.
너는 그녀에게 a 풍선을 **건네줘도 돼**.

7 **You may** throw the salt to me.
너는 the 소금을 나에게 **던져도 돼**.

8 **You may** blow the flour.
너는 그 밀가루를 **불어도 돼**.

9 **You may** ask her a strange question.
너는 그녀에게 a 이상한 질문을 **해도 돼**.

10 **You may** pay by credit card.
너는 신용카드(credit card)로 **지불해도 돼**.

1. 너는 the 악마와 함께 이 사과를 **먹어도 돼**.

2. 너는 예수님에게 지금 **전화를 해도 돼**.

3. 너는 나의 녹색 강아지를 **팔아도 돼**.

4. 너는 그 결혼을 **취소해도 돼**.

5. 너는 내 머리 위에서 춤을 **춰도 돼**.

6. 너는 그녀에게 a 풍선을 **건네줘도 돼**.

7. 너는 the 소금을 나에게 **던져도 돼**.

8. 너는 그 밀가루를 **불어도 돼**.

9. 너는 그녀에게 a 이상한 **질문을 해도 돼**.

10. 너는 신용카드로 **지불해도 돼**.

□에 ✓표시하면서 기본 5회 이상 빠르게 말하면서 암기합니다. **MP3 Unit 25-2**

	1	2	3	4	5

11 **You may** touch the fly's tears.
너는 그 파리의 눈물s을 **만져도 돼**.

12 **You may** pick something.
너는 어떤 것을 **골라도 돼**.

13 **You may** stay home tomorrow.
너는 내일 집에 **있어도 돼**.

14 **You may** throw a new airplane to me.
너는 a 새 비행기를 나에게 **던져도 돼**.

15 **You may** put the stupid cat on a pencil.
너는 그 어리석은 고양이를 a 연필 위에 **놓아도 돼**.

16 **You may** go home by taxi.
너는 택시타고 집에 **가도 돼**.

17 **You may** turn on the TV now.
너는 이제 the TV를 **켜도 돼**.

18 **You may** open your eyes now.
너는 이제 너의 눈s을 **떠도 돼**.

19 **You may** decorate the room.
너는 그 방을 **장식해도 돼**.

20 **You may** decorate a kitchen with many flowers. 너는 a 부엌을 많은 꽃s으로 **장식해도 돼**.

다음 우리말을 보고, 특허 동사구를 활용해 말해보세요.

11 너는 그 파리의 눈물s을 **만져도 돼**.

12 너는 어떤 것을 **골라도 돼**.

13 너는 내일 집에 **있어도 돼**.

14 너는 a 새 비행기를 나에게 **던져도 돼**.

15 너는 그 어리석은 고양이를 a 연필 위에 **놓아도 돼**.

16 너는 택시타고 집에 **가도 돼**.

17 너는 이제 the TV를 **켜도 돼**.

18 너는 이제 너의 눈s을 **떠도 돼**.

19 너는 그 방을 **장식해도 돼**.

20 너는 a 부엌을 많은 꽃s으로 **장식해도 돼**.

다음 우리말을 보고, 특허 동사구를 활용해 말해보세요. MP3 Unit 25-3

⭐ 21 너는 나의 손 위에서 그를 **만나도 돼.**

⭐ 22 너는 그 노래를 다시 **불러도 돼.**

⭐ 23 너는 the 기름을 나의 머리에 **부어도 돼.**

⭐ 24 너는 나의 손가락을 **깨물어도 돼.**

⭐ 25 너는 나의 과자를 **맛보아도 돼.**

⭐ 26 너는 the 불(light)을 **켜도 돼.**

⭐ 27 너는 the 불을 **꺼도 돼.**

⭐ 28 너는 나의 이름을 the 벽에 **적어도 돼.**

⭐ 29 너는 그 돈을 나에게 **줘도 돼.**

⭐ 30 너는 그 나쁜 원숭이를 a 호랑이에게 **던져도 돼.**

answer

21 You may meet him on my hand. 22 You may sing the song again. 23 You may pour the oil on my head. 24 You may bite my finger. 25 You may taste my cookie. 26 You may turn on the light. 27 You may turn off the light. 28 You may write my name on the wall. 29 You may give me the money. 30 You may throw the bad monkey to a tiger.

위의 문장을 다시 5회 이상 읽고, 암기한 후 시간을 기록하세요.

Korean-American	TOEIC 870	my time
22초	25초	초

Unit 26

Should I + 동사구?
제가 ~해야 합니까?

1 Should I + 동사구?

① 긍정의문문: 'Should I + 동사구?'는 '제가 ~해야 합니까?'의 의미를 나타내고자 할 때 사용합니다.

  ex **Should I** make the book sad? 제가 그 책을 슬프게 해야 합니까?

② 부정의문문: 'Shouldn't I + 동사구?'는 '제가 ~하지 말아야 하나요?'의 의미를 나타내고자 할 때 사용합니다.

  ex **Shouldn't I** make the book sad? 제가 그 책을 슬프게 하지 말아야 하나요?

③ 긍정의문문과 부정의문문에 상관없이 본인의 의사가 긍정이면 'Yes', 부정이면 'No'라고 대답합니다.

  ex **Yes**, you should. 응, 해야 해.

    No, you should **not**. 아니, 너는 하면 안돼.

Quiz 다음 중 <u>틀린</u> 문장을 고르시오.

① Should I fix the machine?   ② Should I play the music?

③ Shoud I cast the ball?   ④ Shouldn't I wearing the red shirt?

⑤ Should I slow down the car?

ANSWER ④

□에 ✓표시하면서 기본 5회 이상 빠르게 말하면서 암기합니다. MP3 Unit 26-1

	1	2	3	4	5

1 **Should I** make the book sad?
제가 그 책을 슬프게 해야 **합니까?**

2 **Should I** ride a black cat?
제가 a 검은색 고양이를 타야 **합니까?**

3 **Should I** hug the blue whale?
제가 그 파란색 고래를 안아야 **합니까?**

4 **Should I** open the broken window?
제가 the 깨진 창문을 열어야 **합니까?**

5 **Should I** call the ambulance?
제가 the 구급차를 전화해서 불러야 **합니까?**

6 **Should I** visit the puppy's house?
제가 그 강아지의 집을 방문해야 **합니까?**

7 **Should I** talk to her first?
제가 그녀에게 먼저 얘기해야 **합니까?**

8 **Should I** come back again?
제가 다시 와야 **합니까?**

9 **Should I** walk to the airport?
제가 the 공항까지 걸어가야 **합니까?**

10 **Should I** take her to Paris?
제가 파리에 그녀를 데리고 가야 **합니까?**

다음 우리말을 보고, 특허 동사구를 활용해 말해보세요.

1. 제가 그 책을 슬프게 해야 **합니까?**

2. 제가 a 검은색 고양이를 타야 **합니까?**

3. 제가 그 파란색 고래를 안아야 **합니까?**

4. 제가 the 깨진 창문을 열어야 **합니까?**

5. 제가 the 구급차를 전화해서 불러야 **합니까?**

6. 제가 그 강아지의 집을 방문해야 **합니까?**

7. 제가 그녀에게 먼저 얘기해야 **합니까?**

8. 제가 다시 와야 **합니까?**

9. 제가 the 공항까지 걸어가야 **합니까?**

10. 제가 파리에 그녀를 데리고 가야 **합니까?**

□에 ✓표시하면서 기본 5회 이상 빠르게 말하면서 암기합니다. **MP3 Unit 26-2**

| | 1 | 2 | 3 | 4 | 5 |

11 **Shouldn't I** wake up the cow?
제가 the 소를 깨우지 **말아야 하나요?**

12 **Shouldn't I** raise my hand?
제가 제 손을 올리지 **말아야 하나요?**

13 **Shouldn't I** date him?
제가 그와 데이트하지 **말아야 하나요?**

14 **Shouldn't I** lie to my mother?
제가 저의 엄마에게 거짓말하지 **말아야 하나요?**

15 **Shouldn't I** hold the elevator?
제가 the 엘리베이터를 잡지 **말아야 하나요?**

16 **Shouldn't I** roll on the floor?
제가 the 바닥에서 구르지 **말아야 하나요?**

17 **Shouldn't I** shout at the dog?
제가 the 개에게 소리치지 **말아야 하나요?**

18 **Shouldn't I** go swimming to the sea?
제가 the 바다로 수영하러 가지 **말아야 하나요?**

19 **Shouldn't I** answer the phone?
제가 the 전화를 받지 **말아야 하나요?**

20 **Shouldn't I** teach the monkey math?
제가 the 원숭이에게 수학을 가르치지 **말아야 하나요?**

다음 우리말을 보고, 특허 동사구를 활용해 말해보세요.

11 제가 the 소를 깨우지 **말아야 하나요?**

12 제가 제 손을 올리지 **말아야 하나요?**

13 제가 그와 데이트하지 **말아야 하나요?**

14 제가 저의 엄마에게 거짓말하지 **말아야 하나요?**

15 제가 the 엘리베이터를 잡지 **말아야 하나요?**

16 제가 the 바닥에서 구르지 **말아야 하나요?**

17 제가 the 개에게 소리치지 **말아야 하나요?**

18 제가 the 바다로 수영하러 가지 **말아야 하나요?**

19 제가 the 전화를 받지 **말아야 하나요?**

20 제가 the 원숭이에게 수학을 가르치지 **말아야 하나요?**

다음 우리말을 보고, 특허 동사구를 활용해 말해보세요. 🎧Unit 26-3

21 제가 a 영화관을 지어야 **합니까?**

22 제가 a 사진을 찍어야 **합니까?**

23 제가 the 잘못된 비행기를 타야(get on) **합니까?**

24 제가 the 파일을 저장하지 **말아야 하나요?**

25 제가 그를 믿지 **말아야 하나요?**

26 제가 a 메시지를 남겨야(leave) **합니까?**

27 제가 the 새로운 마을로 이사가야 **합니까?**

28 제가 the 시계를 사야 하지 **말아야 하나요?**

29 제가 소고기를 먹는 것을 멈춰야 **합니까?**

30 제가 그의 박쥐를 빌려야 **합니까?**

answer

21 Should I build a movie theater? 22 Should I take a picture? 23 Should I get on the wrong plane? 24 Shouldn't I save the file? 25 Shouldn't I believe in him? 26 Should I leave a message? 27 Should I move to the new town? 28 Shouldn't I buy the watch? 29 Should I stop eating beef? 30 Should I borrow his bat?

위의 문장을 다시 5회 이상 읽고, 암기한 후 시간을 기록하세요.

Korean-American	TOEIC 870	my time
20초	24초	초

You should + 동사구.
너는 ~해야 한다.

1 You should + 동사구.

① '너는 ~해야만 한다'의 의미를 나타내고자 할 때 사용합니다.

② **have to, must**와 동일한 의미로 사용합니다.

ex **You should** give it to the ghost. 너는 그것을 the 귀신에게 주어야 한다.
= **You must** give it to the ghost.

2 You should not + 동사구.

① 부정의 의미는 should 다음에 not을 사용합니다. should not의 줄임말은 shouldn't 입니다.

ex **You shouldn't** give it to the ghost. 너는 그것을 the 귀신에게 주어서는 안 된다.

Quiz 다음 중 <u>틀린</u> 문장을 고르시오.

① You should are in the hospital.
② You should chew the gum.
③ You should eat breakfast.
④ You should have a close friend.
⑤ You shouldn't agree with him.

ANSWER ①

□에 ✓표시하면서 기본 5회 이상 빠르게 말하면서 암기합니다. **MP3 Unit 27-1**

| | 1 | 2 | 3 | 4 | 5 |

1 **You should** give it to the ghost.
너는 그것을 the 귀신에게 **주어야 한다.**

2 **You should** keep a diary.
너는 a 일기를 **써야 한다.**

3 **You should** ask a funny question.
너는 a 우스운 질문을 **해야 한다.**

4 **You should** cut the tofu.
너는 the 두부를 **잘라야 한다.**

5 **You should** carry the mountain.
너는 the 산을 **나르고 다녀야 한다.**

6 **You should** respect the old lady.
너는 the 늙은 여자분을 **존경해야 한다.**

7 **You should** sleep for 8 hours a day.
너는 하루에 8시간s을 **자야 한다.**

8 **You should** turn on the air conditioner in winter. 너는 겨울에 the 에어컨을 **켜야 한다.**

9 **You should** gain some weight.
너는 살을 약간 **쪄야 한다.**

10 **You should** hit my back.
너는 내 등을 **쳐야 한다.**

다음 우리말을 보고, 특허 동사구를 활용해 말해보세요.

1 너는 그것을 the 귀신에게 **주어야 한다.**

2 너는 a 일기를 **써야 한다.**

3 너는 a 우스운 질문을 **해야 한다.**

4 너는 the 두부를 **잘라야 한다.**

5 너는 the 산을 **나르고 다녀야 한다.**

6 너는 the 늙은 여자분을 **존경해야 한다.**

7 너는 하루에 8시간s을 **자야 한다.**

8 너는 겨울에 the 에어컨을 **켜야 한다.**

9 너는 살을 약간 **쪄야 한다.**

10 너는 내 등을 **쳐야 한다.**

□에 ✓ 표시하면서 기본 5회 이상 빠르게 말하면서 암기합니다. **MP3 Unit 27-2**

	1	2	3	4	5

11 **You shouldn't** get off the bus now.
너는 지금 the 버스에서 내려서는 안 된다.

12 **You shouldn't** draw the rose.
너는 the 장미를 그려서는 안 된다.

13 **You shouldn't** bite the cookie.
너는 the 쿠키를 물어서는 안 된다.

14 **You shouldn't** dance with the flower.
너는 the 꽃과 춤을 추어서는 안 된다.

15 **You shouldn't** pay by credit card.
너는 신용카드로 지불해서는 안 된다.

16 **You shouldn't** smell the soy sauce.
너는 the 간장을 냄새 맡아서는 안 된다.

17 **You shouldn't** call your friend.
너는 너의 친구에게 전화해서는 안 된다.

18 **You shouldn't** enjoy playing the piano.
너는 the 피아노를 치는 것을 즐겨서는 안 된다.

19 **You shouldn't** wash your hair.
너는 너의 머리를 감아서는 안 된다.

20 **You shouldn't** have a comfortable chair.
너는 a 편안한 의자를 가져서는 안 된다.

11. 너는 지금 the 버스에서 내려서는 안 된다.

12. 너는 the 장미를 그려서는 안 된다.

13. 너는 the 쿠키를 물어서는 안 된다.

14. 너는 the 꽃과 춤을 추어서는 안 된다.

15. 너는 신용카드로 지불해서는 안 된다.

16. 너는 the 간장을 냄새 맡아서는 안 된다.

17. 너는 너의 친구에게 전화해서는 안 된다.

18. 너는 the 피아노를 치는 것을 즐겨서는 안 된다.

19. 너는 너의 머리를 감아서는 안 된다.

20. 너는 a 편안한 의자를 가져서는 안 된다.

다음 우리말을 보고, 특허 동사구를 활용해 말해보세요. Unit 27-3

21 너는 a 수건 없이 **살아야** 한다.

22 너는 the 잘못된 페이지를 공부**해야** 한다.

23 너는 a 아기처럼 행동**해야** 한다.

24 너는 그렇게 얘기해서는 **안 된다.**

25 너는 the 테이블 아래에 숨어**야** 한다.

26 너는 집에 3시까지 와**야** 한다.

27 너는 the 이슈에 대해서 토의해서는 **안 된다.**

28 너는 the 새와 함께 날아가**야** 한다.

29 너는 the 비밀을 유지**해야** 한다.

30 너는 외롭지 **않아야** 한다.

answer

21 You should live without a towel.   22 You should study the wrong page.   23 You should act like a baby.   24 You shouldn't talk like that.   25 You should hide under the table.   26 You should come home by 3.   27 You shouldn't discuss the issue.   28 You should fly with the bird. 29 You should keep the secret.   30 You shouldn't be lonely.

위의 문장을 다시 5회 이상 읽고, 암기한 후 시간을 기록하세요.

Korean-American	TOEIC 800	my time
20초	24초	초

Review Test 8 Unit 24-27 MP3 Review Test 8

다음 우리말을 영어로 말하고, 그 문장을 적어보세요.

1   제가 the 화장실에 가도 되나요?

2   너는 여기에 주차해도 된다.

3   나는 안경을 써야 하나요?

4   너는 the 신발s을 바꾸어야 한다.

5   너는 그 가수를 좋아해서는 안 된다.

6   내가 그를 다음 번에 만나서는 안됩니까?

7   너는 the 진실을 이야기해도 좋다.

8   내가 그 벌을 잡아도 됩니까?

9   내가 the 리모콘을 잡고 있어야 합니까?

10   너는 the 베개를 던져서는 안 된다.

answer		
1	May I go to the restroom?	2 You may park here.
3	Should I wear glasses?	4 You should change the shoes.
5	You shouldn't like the singer.	6 Shouldn't I meet him next time?
7	You may tell the truth.	8 May I catch the bee?
9	Should I hold the remote control?	10 You shouldn't throw the pillow.

다음 우리말을 영어로 말하고, 그 문장을 적어보세요.

11   제가 a 거짓말쟁이가 되어야 하나요?

____

12   너는 the 은행에 들러야 한다.

____

13   제가 농담s을 해서는 안되나요?

____

14   너는 그 공을 the 공중으로 던져도 좋다.

____

15   제가 그 빈 의자에 앉아도 되나요?

____

16   너는 거미s을 두려워해서는 안 된다.

____

17   너는 the 문을 열어도 된다.

____

18   너는 오늘 밤에 늦게 자도 된다.

____

19   제가 the 아이를 벌주어야 합니까? (punish)

____

20   제가 the 회의에 참석하지 말아야 합니까?

____

ACTUAL Test 3 Unit 15-27 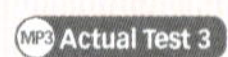 Actual Test 3

다음 우리말을 영어로 말하고, 그 문장을 적어보세요.

1 너는 나에게 3마리의 개s를 줄 필요가 없다.

2 나는 the 죽은 나무를 심어야 하니? (should)

3 너는 나를 거기에서 기다려야 한다. (have to)

4 너는 the 개와 결혼해도 된다.

5 나는 the 무지개를 the 달에게 팔 것이다.

6 너는 the 지루한 영화를 나와 함께 보아야 한다. (have to)

7 내가 너의 공을 차도 되니?

8 너는 여기에서 a 휴식을 취해도 된다.

9 너는 그녀와 함께 내년에 결혼할 거니?

10 나는 내일 아프리카로 이사 갈 것이다.

11 저는 제 자신을 소개하고 싶습니다. (would like to)

12 너는 너의 돈을 낭비할 필요가 없다.

13 너는 너의 오른쪽 귀를 사용해야 한다. (should)

14 저는 이 마우스 패드를 사고 싶습니다. (would like to)

15 나는 그녀에게 나의 고장 난 차를 팔 것이다.

16 너는 나에게 100달러s를 지금 보내야 한다. (should)

17 제가 이 건전지를 여기에서 충전할 수 있을까요?

18 나는 너에게 나의 비밀을 내년에 이야기할 수 있다.

19 너는 그녀에게 전화할 필요가 없다.

20 너는 오늘 밤에 여기에 머무를 거니?

11 I'd like to introduce myself. **12** You don't have to waste your money. **13** You should use your right ear. **14** I would like to buy this mouse pad. **15** I will sell my broken car to her. **16** You should send me 100 dollars now. **17** Can I charge this battery here? **18** I can tell you my secret next year. **19** You don't have to call her. **20** Will you stay here tonight?

Chapter 4

의문사를 활용한 의문문

Unit 28

Who ~with?

누구와~하니?

1 Who ~with?

① Chapter 1~3에서 배운 be동사 / 일반동사 / 조동사 의문문에 'Who ~with?'를 더하여, '누구와 ~하니?'의 의미를 나타내고자 할 때 사용합니다.

② With who(m)~?으로 바꿔 말할 수 있습니다.

- ⓔⓧ **Who** do you talk **with** every day? 너는 매일 누구와 이야기하니?

  = **With who(m)** do you talk every day?

- ⓔⓧ **Who** can you meet the doctor **with**? 너는 누구와 함께 그 의사를 만날 수 있니?

  = **With who(m)** can you meet the doctor?

Quiz 다음 중 **틀린** 문장을 고르시오.

① Who are you going to school with?

② Who do you study for the test with?

③ With whom did you walking with?

④ With whom can you sing the song?

⑤ Who did you eat lunch with?

ANSWER ③

□에 ✓표시하면서 기본 5회 이상 빠르게 말하면서 암기합니다. **MP3 Unit 28-1**

| | 1 | 2 | 3 | 4 | 5 |

1. Who do you talk **with** every day?
너는 매일 **누구와** 이야기하니?

2. Who did you swim **with**?
너는 **누구와** 수영했니?

3. Who will you play baseball **with**?
너는 **누구와** 같이 야구를 할 거니?

4. Who can you dance **with**?
너는 **누구와** 춤을 출 수 있니?

5. Who do you want to study English **with**? 너는 **누구와** 영어를 공부하고 싶니?

6. Who did you walk **with**?
너는 **누구와** 걸었니?

7. Who do you drink this water **with**?
너는 이 물을 **누구와** 같이 마시니?

8. Who did you eat dinner **with** yesterday?
너는 어제 **누구와** 저녁을 먹었니?

9. Who do you want to help her **with**?
너는 **누구와** 그녀를 도와주고 싶니?

10. Who will you kick a tiger **with**?
너는 **누구와** a 호랑이를 찰 거니?

다음 우리말을 보고, 특허 동사구를 활용해 말해보세요.

1. 너는 매일 **누구와** 이야기하니?

2. 너는 **누구와** 수영했니?

3. 너는 **누구와** 같이 야구를 할 거니?

4. 너는 **누구와** 춤을 출 수 있니?

5. 너는 **누구와** 영어를 공부하고 싶니?

6. 너는 **누구와** 걸었니?

7. 너는 이 물을 **누구와** 같이 마시니?

8. 너는 어제 **누구와** 저녁을 먹었니?

9. 너는 **누구와** 그녀를 도와주고 싶니?

10. 너는 **누구와** a 호랑이를 잡을 거니?

□에 ✓표시하면서 기본 5회 이상 빠르게 말하면서 암기합니다. **MP3 Unit 28-2**

	1	2	3	4	5

11 **Who** can't you study music **with**?
너는 **누구와** 음악을 공부할 수 없니?

12 **Who** did you break the tree **with**?
너는 **누구와** 그 나무를 부수었니?

13 **Who** can you meet the doctor **with**?
너는 **누구와** 그 의사를 만날 수 있니?

14 **Who** did you play **with** last night?
너는 지난밤 **누구와** 놀았니?

15 **Who** did you cry **with** this morning?
너는 오늘 아침 **누구와** 같이 울었니?

16 **Who** do you have to ride a seesaw **with**? 너는 **누구와** a 시소를 타야만 하니?

17 **Who** did you wait for me **with**?
너는 **누구와** 같이 나를 기다렸니?

18 **Who** will you scold her **with**?
너는 **누구와** 그녀를 꾸짖을 거니?

19 **Who** do you cook dinner **with** every day? 너는 매일 **누구와** 저녁을 요리하니?

20 **Who** are you going to study English **with**? 너는 **누구와** 영어를 공부하려고 하니?

다음 우리말을 보고, 특허 동사구를 활용해 말해보세요.

11 너는 **누구와** 음악을 공부할 수 없니?

12 너는 **누구와** 그 나무를 부수었니?

13 너는 **누구와** 그 의사를 만날 수 있니?

14 너는 지난밤 **누구와** 놀았니?

15 너는 오늘 아침 **누구와** 같이 울었니?

16 너는 **누구와** a 시소를 타야만 하니?

17 너는 **누구와** 같이 나를 기다렸니?

18 너는 **누구와** 그녀를 꾸짖을 거니?

19 너는 매일 **누구와** 저녁을 요리하니?

20 너는 **누구와** 영어를 공부하려고 하니?

다음 우리말을 보고, 특허 동사구를 활용해 말해보세요. (MP3) Unit 28-3

21 너는 매일 저녁 **누구와** 학교에 가니?

22 너는 **누구와** 그 남자를 만나려고 하니?

23 너는 **누구와** 그 그림을 그렸니?

24 너는 **누구와** 그 교회를 만들려고 하니?

25 너는 **누구와** 축구를 할 수 있니?

26 너는 **누구와** the 피아노를 쳤니?

27 너는 **누구와** 저녁 먹고 싶니?

28 너는 **누구와** 사니?

29 너는 **누구와** 외식할 수 있니? (외식하다 - eat out)

30 너는 **누구와** 싸웠니?

`answer`

21 Who do you go to school with every night?　22 Who are you going to meet the man with?
23 Who did you draw the picture with?　24 Who are you going to make the church with?
25 Who can you play soccer with?　26 Who did you play the piano with?　27 Who do you want to eat dinner with?　28 Who do you live with?　29 Who can you eat out with?　30 Who did you fight with?

위의 문장을 다시 5회 이상 읽고, 암기한 후 시간을 기록하세요.

Korean-American	TOEIC 870	my time
23초	28초	초

Unit 29 — When / Where / What~?
언제 / 어디에서 / 무엇을 ~하니?

1 When + 의문문?

① '언제 ~하니?'의 의미를 나타내고자 할 때 사용합니다. be동사 / 일반동사 / 조동사 의문문 앞에 When을 사용합니다.

ex **When** can you help a mouse kick a cat?
너는 언제 a 쥐가 a 고양이를 차는 것을 도와줄 수 있니?

2 Where + 의문문?

① '어디에서 ~하니?'의 의미를 나타내고자 할 때 사용합니다. be동사 / 일반동사 / 조동사 의문문 앞에 Where을 사용합니다.

ex **Where** did you buy a dog's ear? 너는 어디에서 a 강아지의 귀를 샀니?

3 What + 의문문?

① '무엇을 ~하니?'의 의미를 나타내고자 할 때 사용합니다. be동사 / 일반동사 / 조동사 의문문 앞에 What을 사용합니다.

ex **What** did you buy for your dog's ear? 너는 너의 강아지의 귀를 위해 무엇을 샀니?

Quiz 다음 중 틀린 문장을 고르시오.

① When are you going to draw a cat's beautiful nose?

② Where can steal you money?　③ What do you take to the party?

④ When should I take a picture?　⑤ What should I buy for your birthday?

ANSWER ②

□에 ✓표시하면서 기본 5회 이상 빠르게 말하면서 암기합니다. MP3 Unit 29-1

	1	2	3	4	5

1. When can you help a mouse kick a cat?
너는 **언제** a 쥐가 a 고양이를 차는 것을 도와줄 수 있니?

2. When can you swim in her shoe?
너는 **언제** 그녀의 신발 속에서 수영할 수 있니?

3. When do you pull my arm?
너는 **언제** 나의 팔을 당기니?

4. When can you pat his dog?
너는 **언제** 그의 개를 토닥일 수 있니?

5. When are you going to steal a horsetail? 너는 **언제** a 말의 꼬리를 훔치려고 하니?

6. When did you meet the dancing bird?
너는 **언제** the 춤추는 새를 만났니?

7. When do you want to talk about it?
너는 **언제** 그것에 관해서 이야기하고 싶니?

8. Where can you borrow a hammer?
너는 **어디에서** a 망치를 빌릴 수 있니?

9. Where should I return this book?
제가 이 책을 **어디에서** 반납해야 합니까?

10. Where did you kick his wrist?
너는 **어디에서** 그의 손목을 찼니?

다음 우리말을 보고, 특허 동사구를 활용해 말해보세요.

1. 너는 **언제** a 쥐가 a 고양이를 차는 것을 도와줄 수 있니?

2. 너는 **언제** 그녀의 신발 속에서 수영할 수 있니?

3. 너는 **언제** 나의 팔을 당기니?

4. 너는 **언제** 그의 개를 토닥일 수 있니?

5. 너는 **언제** a 말의 꼬리를 훔치려고 하니?

6. 너는 **언제** the 춤추는 새를 만났니?

7. 너는 **언제** 그것에 관해서 이야기하고 싶니?

8. 너는 **어디에서** a 망치를 빌릴 수 있니?

9. 제가 이 책을 **어디에서** 반납해야 합니까?

10. 너는 **어디에서** 그의 손목을 찼니?

□에 ✓표시하면서 기본 5회 이상 빠르게 말하면서 암기합니다. (MP3) **Unit 29-2**

1 2 3 4 5

⭐11 **Where** are you going to use the dog poop? 너는 the 개똥을 **어디에** 사용하려고 하니?

⭐12 **Where** can you eat flour without water? 너는 물 없이 **어디에서** 밀가루를 먹을 수 있니?

⭐13 **Where** did you meet the popular king? 너는 **어디에서** 그 인기 있는 왕을 만났니?

⭐14 **Where** do you make a strong chick? 너는 **어디에서** a 힘이 센 병아리를 만드니?

⭐15 **What** are you going to do with her puppy? 너는 그녀의 강아지와 **무엇을** 할 거니?

⭐16 **What** did you eat with the sheep? 너는 그 양과 같이 **무엇을** 먹었니?

⭐17 **What** do you remember about me? 너는 나에 대해서 **무엇을** 기억하니?

⭐18 **What** do you do in your spare time? 너는 너의 여분의 시간(여가시간)에 **무엇을** 하니?

⭐19 **What** did you have for dinner yesterday? 너는 어제 저녁에 **무엇을** 먹었니?

⭐20 **What** did you write the letter with? 너는 the 편지를 **무엇으로** 썼니?

다음 우리말을 보고, 특허 동사구를 활용해 말해보세요.

11 너는 the 개똥을 **어디에** 사용하려고 하니?

12 너는 물 없이 **어디에서** 밀가루를 먹을 수 있니?

13 너는 **어디에서** 그 인기 있는 왕을 만났니?

14 너는 **어디에서** a 힘이 센 병아리를 만드니?

15 너는 그녀의 강아지와 **무엇을** 할 거니?

16 너는 그 양과 같이 **무엇을** 먹었니?

17 너는 나에 대해서 **무엇을** 기억하니?

18 너는 너의 여분의 시간(여가시간)에 **무엇을** 하니?

19 너는 어제 저녁에 **무엇을** 먹었니?

20 너는 the 편지를 **무엇으로** 썼니?

도전! 특허 동사구 활용

다음 우리말을 보고, 특허 동사구를 활용해 말해보세요. MP3 Unit 29-3

21 너는 **언제** 유럽을 여행했니?

22 너는 **언제** 나에게 너의 엄마를 소개시켜 줄 수 있니?

23 너는 그에게 **무엇을** 보여 주었니?

24 너는 **언제** the 가족 문제를 해결하려고 하니?

25 너는 옛날에(long time ago) **어디에서** 살았니?

26 너는 **언제** 그들과 수영하러 가길 원하니?

27 너는 **무엇을** 사고 싶니?

28 너는 이 집을 위해서 **무엇을** 만들 수 있니?

29 너는 **어디에서** a 한국노래를 배웠니?

30 나는 이 꽃병을 **어디에서** 깨뜨려야만 하니? (should)

answer

21 When did you travel around Europe? 22 When can you introduce your mother to me?
23 What did you show him? 24 When are you going to solve the family problem? 25 Where did you live long time ago? 26 When do you want to go swimming with them? 27 What do you want to buy? 28 What can you make for this house? 29 Where did you learn a Korean song? 30 Where should I break this vase?

위의 문장을 다시 5회 이상 읽고, 암기한 후 시간을 기록하세요.

Korean-American	TOEIC 870	my time
24초	28초	초

Why / How ~?
왜 / 어떻게 ~하니?

1   Why + 의문문?

① '왜 ~하니?'의 의미를 나타내고자 할 때 사용합니다. be동사 / 일반동사 / 조동사 의문문 앞에 **Why**를 사용합니다.

ex **Why** did you cry yesterday? 너는 어제 왜 울었니?

2   How + 의문문?

① '어떻게 ~하니?'의 의미를 나타내고자 할 때 사용합니다. be동사 / 일반동사 / 조동사 의문문 앞에 **How**를 사용합니다.

ex **How** can you eat the black rose? 너는 어떻게 the 검은 장미를 먹을 수 있니?

Quiz   다음 중 틀린 문장을 고르시오.

① How do you go to school?　　② How can I express my heart?

③ Why did you visit her?　　④ Why are you going to skip the class?

⑤ Why should I keeping the promise?

ANSWER ⑤

□에 ✓표시하면서 기본 5회 이상 빠르게 말하면서 암기합니다. **MP3 Unit 30-1**

	1	2	3	4	5

1 **Why** did you cry yesterday?
너는 어제 **왜** 울었니?

2 **Why** do you love the wing?
너는 **왜** the 날개를 사랑하니?

3 **Why** did you take a walk with her?
너는 **왜** 그녀와 산책을 했니?

4 **Why** should I turn off the computer?
나는 **왜** the 컴퓨터를 꺼야 하니?

5 **Why** do you help a black snowman?
너는 **왜** a 검은 눈사람을 도와주니?

6 **Why** are you going to dance with King Kong? 너는 **왜** 킹콩과 춤을 추려고 하니?

7 **Why** do you want to talk about a dancing monkey?
너는 **왜** a 춤추는 원숭이에 관하여 이야기하고 싶니?

8 **Why** are you going to borrow my teeth?
너는 **왜** 나의 이(teeth)를 빌리려고 하니?

9 **Why** did you dance with the thief?
너는 **왜** the 도둑과 춤을 추었니?

10 **Why** are you going to kick his heel?
너는 **왜** 그의 뒷꿈치(heel)를 차려고 하니?

다음 우리말을 보고, 특허 동사구를 활용해 말해보세요.

1 너는 어제 **왜** 울었니?

2 너는 **왜** the 날개를 사랑하니?

3 너는 **왜** 그녀와 산책을 했니?

4 나는 **왜** the 컴퓨터를 꺼야 하니?

5 너는 **왜** a 검은 눈사람을 도와주니?

6 너는 **왜** 내년에 킹콩과 춤을 추려고 하니?

7 너는 **왜** a 춤추는 원숭이에 관하여 이야기하고 싶니?

8 너는 **왜** 나의 이를 빌리려고 하니?

9 너는 **왜** the 도둑과 춤을 추었니?

10 너는 **왜** 그의 뒷꿈치를 차려고 하니?

□에 ✓표시하면서 기본 5회 이상 빠르게 말하면서 암기합니다. (MP3) Unit 30-2

| | 1 | 2 | 3 | 4 | 5 |

11 **How** can you eat the black rose?
너는 **어떻게** the 검은 장미를 먹을 수 있니?

12 **How** are you going to wake me up?
너는 **어떻게** 나를 깨워 주려고 하니?

13 **How** did you meet the popular ghost?
너는 **어떻게** the 인기 있는 귀신을 만났니?

14 **How** are you going to play with her baby? 너는 **어떻게** 그녀의 아기와 놀려고 하니?

15 **How** do you make a plane?
너는 **어떻게** a 비행기를 만드니?

16 **How** can you go to the temple?
너는 **어떻게** the 절에 갈 수 있니?

17 **How** did you help her grandfather?
너는 **어떻게** 그녀의 할아버지를 도와주었니?

18 **How** can you go to the airport?
너는 **어떻게** the 공항에 갈 수 있니?

19 **How** will you cook Korean food?
너는 **어떻게** 한국 음식을 요리할 거니?

20 **How** are you going to use the fan?
너는 **어떻게** the 부채를 사용하려고 하니?

다음 우리말을 보고, 특허 동사구를 활용해 말해보세요.

11 너는 **어떻게** the 검은 장미를 먹을 수 있니?

12 너는 **어떻게** 나를 깨워 주려고 하니?

13 너는 **어떻게** the 인기 있는 귀신을 만났니?

14 너는 **어떻게** 그녀의 아기와 놀려고 하니?

15 너는 **어떻게** a 비행기를 만드니?

16 너는 **어떻게** the 절에 갈 수 있니?

17 너는 **어떻게** 그녀의 할아버지를 도와주었니?

18 너는 **어떻게** the 공항에 갈 수 있니?

19 너는 **어떻게** 한국 음식을 요리할 거니?

20 너는 **어떻게** the 부채를 사용하려고 하니?

다음 우리말을 보고, 특허 동사구를 활용해 말해보세요. (MP3) Unit 30-3

21 너는 너의 아버지를 **어떻게** 부르니?

22 너는 너의 커피를 **어떻게** 마시고 싶니?

23 너는 **왜** 이 꽃을 'Rose'라고 부르니?

24 너는 **어떻게** 뉴욕에 갈 거니?

25 너는 'Gamsahamnida'를 영어로(in English) **어떻게** 말하니?

26 너는 나의 아빠를 **왜** 'Good'이라고 부르니?

27 나는 **왜** 나의 엄마를 'Kim'이라고 불러야 하니?

28 제가 **어떻게** 당신을 도와줄까요?

29 나는 **왜** 저 케이크를 먹어야만 하니?

30 너는 **왜** 나를 기다렸니?

answer

21 How do you call your father? 22 How would you like your coffee? 23 Why do you call this flower 'Rose'? 24 How will you go to New York? 25 How do you say 'Gamsahamnida' in English? 26 Why do you call my father 'Good'? 27 Why should I call my mother 'Kim'? 28 How may I help you? 29 Why should I eat that cake? 30 Why did you wait for me?

위의 문장을 다시 5회 이상 읽고, 암기한 후 시간을 기록하세요.

Korean-American	TOEIC 870	my time
21초	24초	초

Review Test 9 Unit 28-30  Review Test 9

다음 우리말을 영어로 말하고, 그 문장을 적어보세요.

1 너는 비싼 커피를 누구와 마셨니?

2 너는 매일 무엇을 하니?

3 너는 그녀의 아빠와 함께 언제 낚시하러 갔니?

4 너는 왜 너의 피곤한 엄마와 함께 축구를 하러 가려 하니?

5 너는 내게 뭐라고 말했니?

6 너는 내일 아빠와 함께 무엇을 하려 하니?

7 어떻게 너는 나에게 a 거짓말을 할 수 있니?

8 너는 내게 무엇을 말하고 싶니? (want to)

9 너는 어떻게 a 사전 없이 영어를 공부할 수 있니?

10 너는 왜 오늘 아침에 일찍 일어났니?

answer

1 Who did you drink expensive coffee with?　2 What do you do every day?
3 When did you go fishing with her father?
4 Why are you going to play soccer with your tired mother?
5 What did you say to me?
6 What are you going to do with father tomorrow?　7 How can you tell me a lie?
8 What do you want to say to me?　9 How can you study English without a dictionary?
10 Why did you get up early this morning?

11 너는 그 돈을 어디에 숨기려 하니?

____

12 너는 누구와 데이트하기를 원하니?

____

13 너는 어떻게 그 공짜 티켓을 얻었니?

____

14 너는 왜 the 귀를 다쳤니?

____

15 너는 언제 하이킹을 하러 갈 계획이니? (plan to)

____

16 저는 어떻게 the 우체국을 도착할 수 있나요?

____

17 내가 이 상자를 어디에 두어야 하나요? (should)

____

18 너는 누구와 쇼핑을 하러 갈 거니? (will)

____

19 너는 the 미래에 무엇이 되고 싶니? (want to)

____

20 너는 왜 the 차를 닦아야 하니? (have to)

____

answer
11 Where are you going to hide the money?　12 Who do you want to date with?
13 How did you get the free ticket?　14 Why did you hurt the ear?
15 When do you plan to go hiking?　16 How can I get to the post office?
17 Where should I put this box?　18 Who will you go shopping with?
19 What do you want to be in the future?　20 Why do you have to wash the car?

Unit 31

What kind of 명사 ~?
어떤 종류의 명사를 ~하니?

1 What kind of 명사(s) ~?

① '어떤 종류의 명사(s)를 ~하니?'의 의미를 나타내고자 할 때 사용합니다.

② 'What kind of 단수명사', 'What kinds of 복수명사' 뒤에 be동사 / be동사 / 일반동사 / 조동사 의문문을 사용합니다.

- ⓔⓧ **What kind of pet** would you like to have? 너는 어떤 종류의 애완동물을 갖고 싶니?
- ⓔⓧ **What kinds of pets** would you like to have?
  너는 어떤 종류s의 애완동물s을 갖고 싶니?

2 What 명사 ~?

① 'What 명사' 뒤에 be동사 / 일반동사 / 조동사 의문문을 사용하여, "무슨 명사를 ~하니?의 의미를 나타냅니다.

- ⓔⓧ **What sport** are you going to play? 너는 무슨 스포츠를 할 거니?

Quiz 다음 중 틀린 문장을 고르시오.

① What kind of car do you have?　② What kind of music are you listen to?

③ What color is it?　④ What song did you sing?

⑤ What kind of book are you going to read?

ANSWER ②

□에 ✓표시하면서 기본 5회 이상 빠르게 말하면서 암기합니다. **Unit 31-1**

		1	2	3	4	5

1 · **What kind of pet** would you like to have? 너는 어떤 종류의 애완동물을 갖고 싶니?

2 · **What kind of hair pin** are you going to buy? 너는 어떤 종류의 머리핀을 살 거니?

3 · **What kind of novel** do you read? 너는 어떤 종류의 소설을 읽니?

4 · **What kinds of movies** do you watch? 너는 어떤 종류s의 영화s를 보니?

5 · **What kind of sport** did you learn? 너는 어떤 종류의 스포츠를 배웠니?

6 · **What kind of Korean food** can you cook? 너는 어떤 종류의 한국음식을 요리할 수 있니?

7 · **What kind of song** are you going to sing? 너는 어떤 종류의 노래를 부를 거니?

8 · **What kind of shoes** are you going to buy? 너는 어떤 종류의 신발s을 살 거니?

9 · **What kinds of TV programs** do you like? 너는 어떤 종류s의 TV 프로그램s을 좋아하니?

10 · **What kind of food** are you going to cook? 너는 어떤 종류의 음식을 요리할 거니?

다음 우리말을 보고, 특허 동사구를 활용해 말해보세요.

1 너는 **어떤 종류의 애완동물**을 갖고 싶니?

2 너는 **어떤 종류의 머리핀**을 살 거니?

3 너는 **어떤 종류의 소설**을 읽니?

4 너는 **어떤 종류s의 영화s**를 보니?

5 너는 **어떤 종류의 스포츠**를 배웠니?

6 너는 **어떤 종류의 한국음식**을 요리할 수 있니?

7 너는 **어떤 종류의 노래**를 부를 거니?

8 너는 **어떤 종류의 신발**을 살 거니?

9 너는 **어떤 종류s의 TV 프로그램s**을 좋아하니?

10 너는 **어떤 종류의 음식**을 요리할 거니?

□에 ✓ 표시하면서 기본 5회 이상 빠르게 말하면서 암기합니다. (MP3) Unit 31-2

	1	2	3	4	5

11 **What color** do you like?
너는 **무슨 색**을 좋아하니?

12 **What month** do you leave for Paris?
너는 **무슨 개월(몇 월)**에 파리로 떠날 거니?

13 **What book** are you going to check out? 너는 **무슨 책**을 대여할 거니?

14 **What day** do you take the Chinese class? 너는 **무슨 요일**에 the 중국어 수업을 수강하니?

15 **What date** did you go to the dentist?
너는 **무슨 날짜(몇 일)**에 치과에 갔었니?

16 **What time** do you go to bed?
너는 **무슨 시간(몇 시)**에 자니?

17 **What subject** are you going to study?
너는 **무슨 과목**을 공부할 거니?

18 **What computer game** did you buy?
너는 **무슨 컴퓨터 게임**을 샀니?

19 **What movie** did you watch yesterday?
너는 어제 **무슨 영화**를 봤니?

20 **What language** can you speak?
너는 **무슨 언어**를 말할 수 있니?

다음 우리말을 보고, 특허 동사구를 활용해 말해보세요.

11 너는 **무슨 색**을 좋아하니?

12 너는 **무슨 개월(몇 월)**에 파리로 떠날 거니?

13 너는 **무슨 책**을 대여할 거니?

14 너는 **무슨 요일**에 the 중국어 수업을 수강하니?

15 너는 **무슨 날짜(몇 일)**에 치과에 갔었니?

16 너는 **무슨 시간(몇 시)**에 잠자러 가니?

17 너는 **무슨 과목**을 공부할 거니?

18 너는 **무슨 컴퓨터 게임**을 샀니?

19 너는 어제 **무슨 영화**를 봤니?

20 너는 **무슨 언어**를 말할 수 있니?

다음 우리말을 보고, 특허 동사구를 활용해 말해보세요. (MP3) Unit 31-3

21 너는 **어떤 종류의 차**를 원하니?

22 너는 어젯밤에 **무슨 시간(몇 시)**에 잤니? (go to bed)

23 너는 **어떤 종류의 애완용 고양이**를 샀니?

24 너는 **어떤 종류의 노래**를 부르려고 하니?

25 너는 **어떤 종류의 차**를 운전할 수 있니?

26 너는 **무슨 과목**을 매일 공부하니?

27 너는 **어떤 종류의 남자**와 결혼하고 싶니?

28 너는 **무슨 컴퓨터 게임**을 하려고 하니?

29 너는 **어떤 종류의 직업**을 가지고 있니?

30 너는 너의 가방을 위해 **무슨 색깔**을 골랐니?

answer

21 What kind of car do you want?　22 What time did you go to bed last night?　23 What kind of pet cat did you buy?　24 What kind of song are you going to sing?　25 What kind of car can you drive?　26 What subject do you study every day?　27 What kind of man do you want to marry?　28 What computer game are you going to play?　29 What kind of job do you have? 30 What color did you choose for your bag?

위의 문장을 다시 5회 이상 읽고, 암기한 후 시간을 기록하세요.

Korean-American	TOEIC 800	my time
26초	32초	초

Unit 32

How many ~?
얼마나 많은 ~하니?

1 How many + 가산명사의 복수 ~?

① '얼마나 많은 ~하니?'의 의미를 나타내고자 할 때 사용합니다.

> ex **How many pencils** are you going to kick? 너는 몇 자루의 연필s을 차려고 하니?

② 'How many times'는 '몇 번'의 의미를 나타내고자 할 때 사용합니다.

> ex **How many times** did you call me yesterday? 너는 어제 나에게 몇 번 전화했니?

2 How much + 불가산 명사 ~?

① 'How many~?'와 동일한 의미로, 뒤에 불가산 명사가 나옵니다.

> ex **How much milk** did you drink before coming here?
> 너는 여기 오기 전에 얼마나 많은 우유를 마셨니?

Quiz 다음 중 **틀린** 문장을 고르시오.

① How many times have you been to the states?

② How many hours did you sleep?

③ How many car do you have?

④ How much money did you save?

⑤ How much water do you need?

ANSWER ③

□에 ✓표시하면서 기본 5회 이상 빠르게 말하면서 암기합니다. (MP3) Unit 32-1

	1	2	3	4	5

1 **How many pencils** are you going to kick? 너는 **몇** 자루의 **연필**s을 차려고 하니? ☐ ☐ ☐ ☐ ☐

2 **How many friends** do you swim with at the beach?
너는 **몇 명의 친구**s와 the 해변에서 수영하니? ☐ ☐ ☐ ☐ ☐

3 **How many teeth** can you pull out? 너는 **몇 개의 이빨**을 뽑을 수 있니? ☐ ☐ ☐ ☐ ☐

4 **How many bricks** can you break with your head?
너는 **몇 개의 벽돌**s을 너의 머리로 깨뜨릴 수 있니? ☐ ☐ ☐ ☐ ☐

5 **How many books** can you read? 너는 **몇 권의 책**s을 읽을 수 있나요? ☐ ☐ ☐ ☐ ☐

6 **How many cell phones** did you buy last year? 너는 작년에 **몇 개의 휴대전화**s를 샀니? ☐ ☐ ☐ ☐ ☐

7 **How many Korean songs** can you sing? 너는 **몇 곡의 한국 노래**s를 부를 수 있니? ☐ ☐ ☐ ☐ ☐

8 **How many birds** are you going to borrow? 너는 **몇 마리의 새**s를 빌리려고 하니? ☐ ☐ ☐ ☐ ☐

9 **How many sharks** are you going to sell? 너는 **몇 마리의 상어**s를 팔려고 하니? ☐ ☐ ☐ ☐ ☐

10 **How many dogs** are you going to dance with?
너는 **몇 마리의 개**s와 춤을 추려고 하니? ☐ ☐ ☐ ☐ ☐

다음 우리말을 보고, 특허 동사구를 활용해 말해보세요.

1. 너는 **몇 자루의 연필**s을 차려고 하니?

2. 너는 **몇 명의 친구**s와 the 해변에서 수영하니?

3. 너는 **몇 개의 이빨**을 뽑을 수 있니?

4. 너는 **몇 개의 벽돌**s을 너의 머리로 깨뜨릴 수 있니?

5. 너는 **몇 권의 책**s을 읽을 수 있나요?

6. 너는 작년에 **몇 개의 휴대전화**s를 샀니?

7. 너는 **몇 곡의 한국 노래**s를 부를 수 있니?

8. 너는 **몇 마리의 새**s를 빌리려고 하니?

9. 너는 **몇 마리의 상어**s를 팔려고 하니?

10. 너는 **몇 마리의 개**s와 춤을 추려고 하니?

□에 ✓표시하면서 기본 5회 이상 빠르게 말하면서 암기합니다. MP3 Unit 32-2

	1	2	3	4	5

11 **How many bowls** do you want to eat?
너는 **몇** 그릇(bowls)을 먹고 싶니?

12 **How many chances** are you going to give me? 너는 나에게 **몇 번의 기회**s를 주려고 하니?

13 **How many times** did you call me yesterday? 너는 어제 나에게 **몇 번** 전화했니?

14 **How many fire fighters** did you see?
너는 **몇 명의 소방관**s을 보았니?

15 **How many suns** do you make a year?
너는 일 년에 **몇 개의 태양**s을 만드니?

16 **How many bridges** can you cross?
너는 **몇 개의 다리**s를 건널 수 있니?

17 **How many girls** do you help?
너는 **몇 명의 소녀**s를 도와주니?

18 **How many boys** did you dance with?
너는 **몇 명의 소년**s과 춤을 추었니?

19 **How many peaches** do you eat?
너는 **몇 개의 복숭아**s를 먹니?

20 **How many mice** are you going to throw away? 너는 **몇 개의 쥐**들을 버리려고 하니?

다음 우리말을 보고, 특허 동사구를 활용해 말해보세요.

11 너는 **몇 그릇**s을 먹고 싶니?

12 너는 나에게 **몇 번의 기회**s를 주려고 하니?

13 너는 어제 나에게 **몇 번** 전화했니?

14 너는 **몇 명의 소방관**s을 보았니?

15 너는 일 년에 **몇 개의 태양**s을 만드니?

16 너는 **몇 개의 다리**s를 건널 수 있니?

17 너는 **몇 명의 소녀**s를 도와주니?

18 너는 **몇 명의 소년**s과 춤을 추었니?

19 너는 **몇 개의 복숭아**s를 먹니?

20 너는 **몇 개의 쥐**들을 버리려고 하니?

다음 우리말을 보고, 특허 동사구를 활용해 말해보세요. `MP3 Unit 32-3`

21 너는 물을 얼마나 마셨니?

22 너는 작년에 **몇 대의 차**s를 팔았니?

23 너는 **돈을 얼마나** 가지고 있니?

24 너는 **몇 번** 나에게 전화를 했니?

25 너는 **몇 마리의 개들**을 키우려고 하니?

26 너는 옷s에 **돈을 얼마나** 소비하니?

27 너는 **몇 명의 깡패**s와 싸웠니?

28 너는 **몇 분의 선생님**s을 초대하려고 하니?

29 너는 the 부엌에서 **몇 마리의 파리**s를 보았니?

30 너는 **몇 개의 이**(teeth)를 가지고 있니?

`answer`

21 How much water did you drink?　22 How many cars did you sell last year?　23 How much money do you have?　24 How many times did you call me?　25 How many dogs are you going to raise?　26 How much money do you spend on clothes?　27 How many gangsters did you fight with?　28 How many teachers are you going to invite?　29 How many flies did you see in the kitchen?　30 How many teeth do you have?

위의 문장을 다시 5회 이상 읽고, 암기한 후 시간을 기록하세요.

Korean-American	TOEIC 800	my time
29초	35초	초

Why don't you + 동사구?
너는 ~하는 게 어때?

1 Why don't you + 동사구?

① '너는 ~하는 게 어때?'의 의미를 나타내고자 할 때 사용합니다.

② 동일한 표현으로 'What(How) about + 동사원형 + ing?'이 있습니다.

> ⓔˣ **Why don't you** wash his mouth? 너는 그의 입을 씻어 주는 게 어때?
> = **What about** wash**ing** his mouth?
> = **How about** wash**ing** his mouth?

③ 'What(How) about + 명사?'는 '명사는 어때?'의 의미를 나타내고자 할 때 사용합니다.

> ⓔˣ **What about** today? 오늘은 어때?
> **How about** this one? 이것은 어때?

Quiz 다음 중 틀린 문장을 고르시오.

① Why don't you introduce your cat to that tiger?

② Why don't you teaching me English?

③ Why don't you go home at 10 o'clock?

④ How about going to the theater?

⑤ How about working out at the gym?

ANSWER ②

□에 ✓표시하면서 기본 5회 이상 빠르게 말하면서 암기합니다. **MP3 Unit 33-1**

	1	2	3	4	5

1. Why don't you wash his mouth?
너는 그의 입을 씻어 주는 게 어때?

2. Why don't you walk to his office?
너는 그의 사무실에 걸어가는 게 어때?

3. Why don't you start at eight?
너는 8시에 출발하는 게 어때?

4. Why don't you quit smoking?
너는 담배를 끊는 게 어때?

5. Why don't you believe her one more time? 너는 그녀를 한 번만 더 믿어 보는 게 어때?

6. Why don't you fly like a mouse?
너는 a 생쥐처럼 나는 게 어때?

7. Why don't you introduce yourself?
너는 네 자신을 소개하는 게 어때?

8. Why don't you introduce yourself in English? 너는 네 자신을 영어로 소개하는 게 어때?

9. Why don't you introduce yourself in Korean?
너는 네 자신을 한국어로 소개하는 게 어때?

10. Why don't you come here early?
너는 여기에 일찍 오는 게 어때?

다음 우리말을 보고, 특허 동사구를 활용해 말해보세요.

1. 너는 그의 입을 씻어 주는 게 어때?

2. 너는 그의 사무실에 걸어가는 게 어때?

3. 너는 8시에 출발하는 게 어때?

4. 너는 담배를 끊는 게 어때?

5. 너는 그녀를 한 번만 더 믿어 보는 게 어때?

6. 너는 a 생쥐처럼 나는 게 어때?

7. 너는 네 자신을 소개하는 게 어때?

8. 너는 네 자신을 영어로 소개하는 게 어때?

9. 너는 네 자신을 한국어로 소개하는 게 어때?

10. 너는 여기에 일찍 오는 게 어때?

□에 ✓표시하면서 기본 5회 이상 빠르게 말하면서 암기합니다. MP3 Unit 33-2

	1	2	3	4	5

11 **Why don't you** eat a hotdog for lunch?
너는 점심으로 a 핫도그를 먹는 게 어때?

12 **Why don't you** take a rest here?
너는 여기서 a 휴식을 취하는 게 어때?

13 **Why don't you** meet the queen next week? 너는 그 여왕을 다음 주에 만나는 게 어때?

14 **Why don't you** play with a pig on the roof? 너는 the 지붕 위에서 a 돼지와 노는 게 어때?

15 **Why don't you** call her this Friday?
너는 이번 금요일에 그녀에게 전화하는 게 어때?

16 **Why don't you** play soccer with them in the snow?
너는 그들과 the 눈 속에서 축구하는 게 어때?

17 **Why don't you** go to heaven by bus?
너는 버스를 타고 천국에 가는 게 어때?

18 **Why don't you** dance with the squirrel?
너는 그 다람쥐와 함께 춤을 추는 게 어때?

19 **Why don't you** forget the pain?
너는 그 아픔을 잊어버리는 게 어때?

20 **Why don't you** use your left ear?
너는 너의 왼쪽 귀를 사용하는 게 어때?

다음 우리말을 보고, 특허 동사구를 활용해 말해보세요.

11 너는 점심으로 a 핫도그를 먹**는 게 어때?**

12 너는 여기서 a 휴식을 취하**는 게 어때?**

13 너는 그 여왕을 다음 주에 만나**는 게 어때?**

14 너는 the 지붕 위에서 a 돼지와 노**는 게 어때?**

15 너는 이번 금요일에 그녀에게 전화하**는 게 어때?**

16 너는 그들과 the 눈 속에서 축구하**는 게 어때?**

17 너는 버스를 타고 천국에 가**는 게 어때?**

18 너는 그 다람쥐와 함께 춤을 추**는 게 어때?**

19 너는 그 아픔을 잊어버리**는 게 어때?**

20 너는 너의 왼쪽 귀를 사용하**는 게 어때?**

다음 우리말을 보고, 특허 동사구를 활용해 말해보세요. MP3 Unit 33-3

⭐21 너는 the 파티에서 a 좋은 시간을 갖는 게 어때?

⭐22 너는 그의 긴 이름을 기억하는 게 어때?

⭐23 너는 a 아름다운 사과를 만드는 게 어때?

⭐24 너는 그녀의 할아버지를 만나는 게 어때?

⭐25 너는 지하철을 타고 서울에 가는 게 어때?

⭐26 너는 지금 일어나는 게 어때?

⭐27 너는 a 키 큰 꽃과 춤추는 게 어때?

⭐28 너는 그녀의 검은 여우와 노는 게 어때?

⭐29 너는 너의 눈s을 뜨는 게 어때?

⭐30 너는 a 검은 파인애플을 먹는 게 어때?

answer

21 Why don't you have a good time at the party?　22 Why don't you remember his long name?　23 Why don't you make a beautiful apple?　24 Why don't you meet her grandfather?　25 Why don't you go to Seoul by subway?　26 Why don't you get up now?　27 Why don't you dance with a tall flower?　28 Why don't you play with her black fox?　29 Why don't you open your eyes?　30 Why don't you eat a black pineapple?

위의 문장을 다시 5회 이상 읽고, 암기한 후 시간을 기록하세요.

Korean-American	TOEIC 800	my time
29초	35초	초

Review Test 10   Unit 31-33    Review Test 10

다음 우리말을 영어로 말하고, 그 문장을 적어보세요.

1 너는 어제 무슨 시간(몇 시)에 나의 집에 왔니?

____

2 너는 그녀를 the 극장에서 만나는 게 어때?

____

3 너는 그녀를 여기에서 만나는 게 어때?

____

4 너는 어떤 종류의 사업을 운영할 거니?

____

5 너는 얼마나 많은 학생s을 가르치니?

____

6 너는 무슨 과목을 좋아하니?

____

7 너는 나를 "이쁜이"라고 부르는 게 어때?

____

8 너는 나의 정원에 무슨 나무를 심었니?

____

9 너는 무슨 별명을 가지고 싶니? (want to)

____

10 너는 얼마나 많은 시간을 TV를 보는 데 소비하니?

____

answer

1 What time did you come to my house yesterday?
2 Why don't you meet her at the theater?   3 Why don't you meet her here?
4 What kind of business will you run?   5 How many students do you teach?
6 What subject do you like?   7 Why don't you call me 'pretty'?
8 What tree did you plant in my garden?   9 What nickname do you want to have?
10 How many hours do you spend watching TV?

다음 우리말을 영어로 말하고, 그 문장을 적어보세요.

11   너는 a 파티를 여는 게 어때?

____

12   당신은 무슨 날짜(몇 일)에 a 방을 예약하고 싶습니까? (would you like to)

____

13   너는 얼마나 많은 책s을 빌릴 수 있니?

____

14   너는 the 파이를 맛보는 게 어때?

____

15   너는 어떤 종류의 음식을 요리할 수 있니?

____

16   너는 너 스스로 너의 신발s을 신는 게 어때?

____

17   당신은 얼마나 많은 돈을 가지고 싶습니까? (would you like to)

____

18   너는 나에게 너의 전화번호를 말해주는 게 어때?

____

19   너는 a 빨간 스웨터를 입는 게 어때?

____

20   너는 어떤 종류의 피자를 주문하려 하니?

____

answer

11 Why don't you have a party?   12 What date would you like to reserve a room?
13 How many books can you borrow?   14 Why don't you taste the pie?
15 What kind of food can you cook?
16 Why don't you put on your shoes by yourself?
17 How much money would you like to have?
18 Why don't you tell me your phone number?
19 Why don't you wear a red sweater?   20 What kind of pizza are you going to order?

ACTUAL Test 4 Unit 28-33  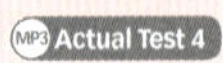

다음 우리말을 영어로 말하고, 그 문장을 적어보세요.

1 당신은 점심으로 무엇을 먹고 싶습니까? (would you like to)

2 너는 매주 얼마나 많은 책s을 읽니?

3 너는 작년에 왜 한국에 왔니?

4 너는 어떤 종류의 한국 음식을 먹을 수 있니?

5 너는 무슨 시간(몇 시)에 나를 깨웠니?

6 너는 그 집을 누구와 함께 지으려고 하니?

7 나는 왜 그녀와 함께 the 나무 위에서 결혼해야 하니? (should)

8 너는 어떻게 the 나이든 코끼리와 함께 수학을 공부할 수 있니?

9 너는 오늘 밤 무엇을 먹고 싶니? (want to)

10 너는 지난 크리스마스에 무엇을 했니?

 1 What would you like to eat for lunch? 2 How many books do you read every week? 3 Why did you come to Korea last year? 4 What kind of Korean food can you eat? 5 What time did you wake me up? 6 Who are you going to build the house with? 7 Why should I marry her on the tree? 8 How can you study math with the old elephant? 9 What do you want to eat tonight? 10 What did you do last Christmas?

11   너는 이번 주말에 무엇을 하려 하니?

12   너는 매일 아침 조깅을 가는 게 어때?

13   나는 그 지갑을 어디에서 찾아야 하니? (should)

14   너는 이 액션영화를 보는 게 어때?

15   너는 얼마나 많은 여자 형제s를 가지고 있니?

16   너는 어떻게 나의 방 번호를 알았니?

17   너는 왜 2개의 눈s을 가지고 있니?

18   너는 무슨 중학교를 갔었니(다녔니)?

19   너는 누구와 함께 컴퓨터 게임s을 하고 싶니?

20   너는 a 우스운 노래를 부르는 게 어때?

TOTAL TEST | Unit 1-33 MP3 Total Test

다음 우리말을 영어로 말하고, 그 문장을 적어보세요.

1   너는 얼마나 많은 영어 책s을 사기를 원하니? (want to)

2   나는 한 시간 전에 너의 어머니에게 이메일을 보냈다.

3   나는 나의 손s을 어디에서 씻을 수 있니?

4   너는 그 사고에 대해서 무엇을 알고 있니?

5   a 짧은 휴식을 취하자!

6   너는 그녀의 도움 없이 어떻게 그 문제를 해결할 수 있니?

7   나는 the 어려운 문제를 해결할 수 있다.

8   당신은 약간의 우유를 마시고 싶습니까? (would you like to)

9   나는 a 시끄러운 방 안에서 잘 수 있다.

10   너는 the 알람 시계를 맞출 필요가 없다.

11 그녀의 왼쪽 귀를 만지지 마!

12 나는 나의 별명을 바꾸려 한다.

13 너는 어떻게 그녀의 긴 이름을 기억할 수 있니?

14 당신은 저와 결혼할래요?

15 너는 어제 그들과 함께 야구를 했니?

16 제가 당신에게 a 부탁을 해도 됩니까?

17 너는 the 탱크를 이 축구공으로 깨뜨려도 된다.

18 저 젖소와 함께 a 산책을 해라!

19 나는 the 양을 나의 아빠와 함께 씻어 주었다.

20 너는 왜 그 도둑이 그녀의 자전거를 훔치는 것을 도와주어야만 하니? (have to)